Série des livres-guides de « Conversations with God Foundation »
dans
Les Kits d'études « Applications pour la vie »
Titres basés sur la série « *Conversations avec Dieu* »
de Neale Donald Walsch

*Ce Que Dieu Veut - Kristin Stewart*
*Plus Heureux que Dieu - Linda Lee Ratto*
*Communion avec Dieu - Maggie Reigh, Christina Erls-Daniels*
*Dieu de Demain - Christina Semple*
*Bienvenue chez Dieu - Kimberly Darwin*
*Conversations avec Dieu pour Adolescents - Jeanne Webster, Emily Welch*
*Conversations avec Dieu, tome 2 - Anne-Marie Barbier*
*Conversations avec Dieu, tome 3 - Alissa Goefran*
*Conversations avec Dieu, tome 1 - Nancy Lee Ways*
*L'amitié avec Dieu - Donna Corso*
*Les Nouvelles Révélations - Patricia Glenn, Erma Watson*

**La vie est notre programme d'études, vécue dans l'Amour, la Joie et la Sagesse!**

Chacun de ces livres-guides contient des exercices qui révèlent de nouvelles façons de penser à Dieu et de nouvelles manières de penser à l'éducation. Inspirés et basés sur les best-sellers du New York Times, *Conversations avec Dieu*, ces livres-guides sont des guides de découvertes et d'enrichissement personnel de la vie que vous pouvez expérimenter pour votre propre développement.

Vous pouvez facilement utiliser n'importe lequel de ces livres- guides en tant que guide d'un « club du livre » au sein de votre communauté. L'apprentissage, c'est bien entendu la vie et y ajouter votre touche personnelle par l'enseignement de l'expérience multi-sensorielle de ces guides, vous permettra d'accroître votre propre développement et celui de ceux qui vous entourent. Jouez et observez les miracles que vous accomplissez.

~ Linda Lee Ratto, EdM
CWGF Directeur exécutif

---

**Note au sujet de Dieu**

Il y a des noms nombreux et différents pour exprimer la source divine de la création, Dieu ou tout autre nom que vous préférez utiliser comme étant votre vérité. Ce que vous appelez votre force créative dépend de votre religion, de dogmes, de croyances, tout aussi sacrés. Par souci de continuité, de cohérence et tout en essayant de ne pas offenser une personne ou un groupe, nous allons utiliser le terme « Dieu ».

# Conversations with God Foundation (CWGF)

**Les principes de la Nouvelle Spiritualité en action
Livres Guides
basés sur la série**

**Conversations avec Dieu
De Neale Donald Walsch**

## *Conversations avec Dieu, Tome 2*
## Livre Guide

**Par ~ Anne-Marie Barbier
Traduction ~ Anne-Marie Barbier
France**

Professeur Certifiée par Deepak Chopra

---

« La Nouvelle Spiritualité est une façon d'honorer notre élan naturel vers le Divin,
sans pour cela donner tort aux autres sur la manière dont ils le font ».
**~ Neale Donald Walsch**

---

ISBN 978-0-9825568-2-5

**Bibliothèque du Congrès
Catalogue de l'information,
et
Sujets de Moteur de recherche:**

1. Education, 2. Enrichissement d'éducation, 3. Education basée sur le coeur,
4. Education Spirituelle, 5. Confiance en Soi,
6. Développement du caractère, 7. Valeurs d'éducation

Professionnellement Edité par:
Helene Camp
et
Mary Lee and Ray Hammond
et
Traduction :
Anne Marie Barbier

Publié par :

# *Power! Press*

Atlanta ~ London

# Table des Matières
## *Conversations avec Dieu Tome 2 – Un Livre Guide*

Basé sur la série de
**Neale Donald Walsch**




*Conversations avec Dieu, Tome 2*
**Livre Guide**
**par Anne-Marie Barbier**
**Professeur Certifié du Centre Chopra**

## Introduction de l'auteur: Pourquoi ai-je écrit ce Livre-Guide?

par Anne-Marie Barbier

Lorsque j'étais adolescente en France, je n'avais pas confiance en moi. Mon dialogue intérieur était le suivant : « Pour réussir, il faut être belle, mais je suis laide ». Ce fut très stressant et aussi une façon de vivre très inefficace.

Je suis donc allée voir un médecin français qui m'a appris à relaxer mon corps grâce à la méditation. Cette technique m'a été très utile et je l'ai utilisée de façon épisodique pendant vingt ans. Il y a quinze ans, j'ai été inspirée par l'enseignement de Deepak Chopra et me suis inscrite à un de ses séminaires en Inde. Pour me préparer à cette expérience, j'ai appris la Méditation des Sons Primordiaux. Depuis, je pratique régulièrement la Méditation des Sons Primordiaux deux fois par jour. Grâce à cette méditation, j'ai réalisé que je devais apporter quelques changements personnels à ma vie. J'ai approfondi cette voie et j'ai lu « Conversations avec Dieu » de Neale Donald Walsch. J'ai vite découvert comment je pouvais vivre une vie meilleure, remplie de joie, de passion, de bonheur et d'harmonie.

Ma vie a complètement changé parce que j'ai rencontré quelqu'un qui s'est avéré être beaucoup plus important que quiconque dans ma vie : moi-même. Des changements internes se sont produits naturellement et continuent de se produire, dus aux nombreux outils et techniques acquis lors de mon parcours. Mes amis et ma famille ont remarqué des changements positifs et productifs. Ces merveilleux changements sont la raison pour laquelle j'ai tenu à faire partager les bienfaits de ma pratique de la méditation. J'ai donc décidé de devenir enseignante par le biais du « Chopra Center for Well Being» en Californie. J'enseigne maintenant la « Méditation des Sons Primordiaux », les « Sept Lois Spirituelles du Yoga » et les « Sept Lois Universelles du Succès au Travail ». Je poursuis ma mission dans la vie en écrivant ce Livre-Guide CONVERSATIONS AVEC DIEU Tome 2. Mon intention est de guider les personnes intéressées grâce à ce guide, en tant que leader de « Conversations with God Foundation » Alliance avec mes collègues, un groupe de seize professionnels inspirateurs. Mon désir est que vous aussi, soyez inspiré par ce merveilleux travail. Il s'agit là d'une façon simple et joyeuse de vivre.

# Dédicaces

A ma famille en France, qui a toujours été un soutien formidable pour tout ce que j'ai entrepris dans ma vie.

A Linda Lee Ratto, dont l'amitié et les conseils ont été une véritable bénédiction au fil des ans.

A Neale Donald Walsch, qui a généré ma volonté d'écrire ce livre-guide.

A Deepak Chopra, mon Cher Professeur, dont l'enseignement m'a amenée, tous les jours un peu plus, à des niveaux de conscience plus élevés.

A Joseph Dominique Santini dont le jugement littéraire si perspicace m'a aidée à transformer le texte original en une forme complète pour la vision de conscience plus élevée que nous partageons.

A vous Lecteur, qui êtes avec moi sur cette voie spirituelle. Quand beaucoup d'entre nous pensent qu'un travail dur (pas de gains sans efforts ...) est ce que nous devons faire pour effacer les vieux modes de pensée, vous prenez là des mesures pour changer facilement. Je ne crois pas que les changements intérieurs doivent être un travail douloureux. Cela peut être un merveilleux voyage. Commençons ensemble ...

## Remerciements de Neale Donald Walsch

Chére Anne-Marie,

Je ne voulais pas laisser passer ce moment sans te dire combien j'apprécie la contribution extraordinaire que tu as apportée à la compréhension plus large des idées développées dans *Conversations avec Dieu*. Ton travail extraordinaire sur le Tome 2 de *Conversations avec Dieu*, je le sais, servira de nombreuses personnes. Je sais que, elles aussi, t'en seront très reconnaissantes et je transmets donc ces mots d'appréciation pour elles également.

Ce n'est pas souvent que des personnes entreprennent avec une telle habileté et une telle articulation la lourde tâche de contribuer à clarifier des concepts spirituels très complexes. J'espère que tu ressens autant de fierté que la reconnaissance que je ressens.

Avec amour et remerciements,

Neale
12/09/2008

# Résumé du Livre

> **Le mot Dieu est utilisé dans ce livre comme une référence au Divin ou à l'énergie universelle. Toutefois, cela signifie ce que vous avez décidé vous-même de définir en tant que Dieu.**

En rédigeant l'introduction de *Conversations avec Dieu*, tome 1, le premier livre de la trilogie *Conversation avec Dieu*, Neale Donald Walsch reçut le message que le tome 2 « traiterait de sujets plus globaux comme la géopolitique ou la métaphysique de la vie sur la planète, ainsi que les défis auxquels le monde doit faire face ». Et pourtant, il y a encore plus dans ce livre, plus sur Dieu, sur la vie et la mort, les relations, le bien et le mal, les biens matériels, l'éducation, la spiritualité.

Ce qui est proposé ici n'est rien de moins qu'un changement de paradigme afin de transformer les constructions politiques et spirituelles que les êtres humains ont manifesté sur cette planète :

> « Il est maintenant temps de *vous retrouver*. Il est maintenant temps de vous voir à nouveau comme «Qui Vous Etes Vraiment» et donc, vous rendre à nouveau visibles. En effet, lorsque vous et votre vraie relation avec Dieu deviennent visibles, nous sommes indivisibles. Et rien ne pourra jamais Nous diviser à nouveau ».
>
> ~ Neale Donald Walsch
> *Conversations avec Dieu Tome 2*

# Comment utiliser ce Livre-Guide

Tout d'abord, je vous conseille de lire ce Livre-Guide d'un seul trait. Laissez les mots vous pénétrer. Permettez à vos souvenirs, vos pensées et vos sentiments de remonter à la surface. Regardez vous avec un oeil nouveau à travers cette première lecture. Ensuite, revenez en arrière, faites les exercices de découverte et observez comment vous vous sentez. Essayez de vous concentrer au maximum et pratiquez une seule activité à la fois. Quand bien même vous n'auriez pas de problème dans un domaine, je vous suggère malgré tout de faire les exercices. Vous pourriez être surpris par ce qui pourrait remonter à la surface. S'il y a un domaine de votre vie qui est particulièrement difficile pour vous, faites les exercices plusieurs fois. Le simple processus de réflexion sur vos pensées apportera un changement à votre être et une nouvelle prise de conscience.

Ce livre est un livre sur le changement. J'ai grandi dans la pauvreté, c'est-à-dire dans le manque de prise de conscience, même si j'ai eu l'abondance matérielle autour de moi. J'avais très peu confiance en moi et j'ai connu de nombreuses difficultés liées aux relations humaines. Je me souviens d'un temps où je voulais que tout le monde change autour de moi car à ce moment-là ma vie serait parfaite. Quand enfin, j'ai réalisé que les choses ne fonctionnent pas ainsi, j'ai commencé à changer à l'intérieur de moi et ma vie a commencé à changer. Aujourd'hui, je me suis créé une belle vie nouvelle, saine, à aider les autres et je ne «souffre» pas. Voulez-vous prendre un engagement vis-à-vis de vous-même et commencer à changer, de façon à sentir la facilité et le flux de la vie?

Soyez aimable avec vous-même en commençant ce voyage et en faisant les exercices de ce guide. Vous découvrirez de nouvelles informations à votre sujet. Il se pourrait même que cela soit inconfortable ou parfois douloureux, en vous remémorant certains évènements de votre vie. Gardez un paquet de kleenex à proximité et autorisez-vous à pleurer et à ressentir! Si vous devez prendre une pause pendant les exercices, faites-le. Oui, faites tout ce que vous pouvez pour vous comprendre vous-même. Au passage, vous planterez des graines au niveau de votre conscience. Il se peut que ces graines prennent du temps pour grandir et se développer. Cela est normal. On ne produit pas un arbre fruitier en une seconde.

Rappelez-vous que tout ce que vous croyez sur vous-même et sur le monde, n'est que pensées et vous pouvez toujours les changer. D'autre part, vous ne serez peut-être pas d'accord avec certaines des idées que vous êtes sur le point d'explorer. Il se peut aussi que vous pensiez que certains de ces exercices soient trop simples, voire même élémentaires. Certains d'entre eux pourraient ne pas vous être familiers ou pourraient même vous faire peur. Ne vous inquiétez pas. Essayez-les. Il se peut que ces idées fonctionnent bien pour vous, au Moment Divin.

Lorsque vous êtes prêt à commencer :
- Lisez chaque chapitre de manière approfondie.
- Les numéros de pages des citations de Neale Donald Walsch sont ceux du livre publié par « J'ai Lu ».
- Matériel nécessaire: carnet de notes, des cahiers ou carnets de croquis, calendrier sur deux mois ou plus. Accès à Internet pour la recherche. Huile de massage pour le corps, un grand miroir, un miroir à main.
- Emploi du temps: tous les jours pendant trois à six semaines pour obtenir des résultats optimums et créer de nouvelles habitudes de vie.

# *Conversations avec Dieu, Tome 2*
# Livre Guide

## Conversations avec Dieu, Tome Deux
## Livre-Guide

## *Chapitre 1*

## LIEN SPIRITUEL AVEC LE DIVIN

### Résumé du Chapitre 1

Ce chapitre nous explique que nous créons tout ce qu'il se passe dans nos vies *en union avec Dieu*. Rien n'arrive par accident. Le fait de réaliser que nous ne sommes pas séparés de Dieu, nous permet de vivre une nouvelle vérité.

> *«Quand je dis « Ta volonté est Ma Volonté », ce n'est pas la même chose que de dire « Ma Volonté est ta volonté ». Si tu accomplissais tout le temps Ma Volonté, tu n'aurais rien d'autre à faire pour atteindre l'Illumination. Le processus serait terminé. Tu y serais déjà. Une journée passée à n'accomplir que Ma Volonté t'apporterait l'Illumination. Si tu avais accompli Ma Volonté toutes les années que tu as vécu, tu n'aurais pas tellement besoin de t'engager dans ce livre à présent. Donc, il est clair que tu n'as pas accompli Ma Volonté. En fait, la plupart du temps, tu ne connais même pas Ma Volonté ».*
>
> *~ Neale Donald Walsh, Chapitre 1, p 25*
> *Conversations avec Dieu, tome 2*

### 2 – Citations d'autres Maîtres Spirituels

Les livres *Conversations avec Dieu* de Neale Donald Walsch sont parmi les nombreuses ressources contenant des principes profonds de spiritualité qui peuvent transformer la vie. La plupart des religions et de nombreux auteurs spirituels enseignent des principes de base similaires. Dans chaque chapitre, je fais référence à des citations de Maîtres de toutes les époques et de tous les endroits du monde.

> « L'univers matériel est le corps de la Nature. Puisque JE et le Champs Unifié ne font qu'UN dans notre état sur la terre, je suis le témoin dans le Champs Unifié. Mes pensées et mon esprit ne sont que différentes manifestations de la même force de la nature que nous appelons chaleur, lumière, électricité, magnétisme et gravité. Mon corps est une autre manifestation de la même entité que j'appelle l'Univers ».
>
> ~ Deepak Chopra
> *Everyday Immortality*

> « *Le véritable salut est l'accomplissement total, la paix, la vie dans toute son ampleur. C'est être qui vous êtes, sentir en vous le bien qui n'a pas d'opposé, la joie d'Etre qui ne dépend de rien en dehors d'elle-même. On ne la sent pas comme une expérience de passage, mais comme une présence durable. En langage théiste, c'est « connaître Dieu », non pas comme quelque chose qui vous est extérieur, mais comme votre propre essence intime* ».
>
> ~ Eckhart Tolle
> *Le Pouvoir du Moment Présent*

## 3 – Principes et Objectifs

### Principes
### (Base de nouvelles idées pour le monde, selon Neale Donald Walsch)

I.  Le chapitre 1 traite de la synchronicité ou de l'apparence du hasard des événements:

    a) Des miracles se produisent tout le temps.

    b) Souvent, nous ne voyons pas ces miracles. Nous décidons de les respecter ou de les négliger. Les miracles sont des opportunités et peuvent être ou non des tournants dans la vie.

II. Le chapitre 1 présente le concept de l'union avec Dieu:

    a) « Si vous ne pouvez pas vous aimer vous-même, vous ne pouvez pas aimer les autres ». C'est une vérité universelle.

    b) S'aimer soi-même reste une notion vague pour beaucoup d'entre nous.

    c) La recherche d'une connexion personnelle et spirituelle nous remue au plus profond de notre être.

    d) Nous ne souhaitons pas que notre ego agisse en tant que filtre pour nous guider. Nous avons le désir que Dieu évolue avec nous directement, ce qui supprime les obstacles, la douleur ou la négativité. Il s'agit du potentiel Divin et inné qui réside dans chacun d'entre nous.

III. Le chapitre 1 traite des concepts de la vérité universelle :

a) Votre vérité supérieure découle d'un état d'être dans lequel vous êtes en mesure de distinguer vos observations de vos interprétations.

b) L'engagement à soutenir des choix de vie qui sont en harmonie avec une vision élargie de votre moi.

c) Etre en intégrité de pensée, de parole et d'action.

d) La vérité est l'expression de votre engagement à une vie spirituelle, une vie au-delà de l'ego.

e) Enfin, nous reconnaissons la vérité, l'amour et Dieu comme étant des expressions différentes de la même réalité indifférenciée.

## Objectifs d'étude :

A) Vous commencerez à entrer en contact avec la source de toutes les possibilités : c'est à cet instant que la magie de la vie arrive.

B) Vous allez commencer à exprimer moins de jugement envers vous-même et envers les autres : c'est une nouvelle liberté.

C) Vous observerez votre type de lien spirituel et unique avec le Divin, à travers un examen personnel.

## 4 – Exercices

---

**Conversations avec Dieu tome 2, Chapitre 1 – Affirmation**

« **Mon intention est d'éliminer les obstacles de ma vie pour transformer les limites de mon corps physique, mental et émotionnel qui m'empêchent de réaliser le potentiel Divin et inné qui est en moi** ».

---

1. Vous avez ouvert ce livre pour le lire. Est-ce une coïncidence?
Des miracles se produisent tout le temps. Commencez à devenir éveillé sur ces moments de miracles et votre vie pourrait changer en une expérience d'inspiration impressionnante. Si vous ignorez les miracles, de nouvelles opportunités disparaissent. Nous avons tous été confrontés à des expériences éblouissantes. Fermez les yeux et prenez un moment pour penser à tous les événements qui vous ont conduits à ce livre.

- Un ami ou un membre de votre famille vous a parlé de ce livre?
- Qui est cet ami ou ce membre de votre famille? Quel est le lien entre cet ami ou ce membre de votre famille, entre vous et ce livre?
- Peut-être avez-vous erré à travers l'allée d'une librairie? Comment avez-vous décidé d'aller dans cette librairie?
- Est-ce qu'un e-mail est apparu sur votre ordinateur, juste au bon moment, de telle sorte que vous avez maintenant ce livre entre les mains?
- Cherchez sur votre calendrier. Pensez à la séquence d'événements qui ont vraiment apporté des personnes ou des événements miraculeux dans votre vie. Inscrivez-les dans votre carnet de notes ou peut-être exprimez-les sous forme de dessin(s) dans votre carnet de croquis.

2. Engagez-vous à pratiquer le non-jugement pendant une heure. Ne jugez pas quoi que ce soit ni qui que ce soit, même pas vous-même. Vous pouvez ensuite étendre cette pratique à une demi-journée et puis à toute une journée.

- Soyez l'observateur de la liberté ressentie en tant que conséquence de cette pratique du non-jugement.

- Avant d'aller dormir, revivez mentalement votre journée et honorez vos émotions, en particulier prenez note de nouvelles émotions, comme par exemple celles de liberté. Prenez le temps de respirer et de ressentir vos émotions les plus profondes.

- Si vous avez ressenti de la liberté, essayez de voir les autres dans le même état d'être. Écrivez les noms des personnes qui montrent déjà des attitudes de non-jugement. Ces personnes peuvent être vos professeurs.


**DEFINITIONS CLES du Chapitre 1 :**

**Co-créateurs** : être dans un état de création avec l'Univers en tant que partenaire et ne faire qu'Un avec tout.

**Synchronicité** : ce que la plupart des gens appellent « la chance ». Il s'agit en fait de nos intentions qui se réalisent.

## 5 – Résumé de la leçon de ce chapitre :

Utilisez vos carnets de notes ou de croquis pour terminer ce chapitre en répondant aux questions de façon aussi complète que possible. Essayez d'utiliser vos sens pour examiner vos sentiments et vos pensées et vous poser les questions suivantes :

- Avez-vous été en mesure de trouver un lien entre vous et un ami ou un membre de votre famille et le présent guide? Qu'avez-vous ressenti?
- Dans quelles circonstances avez-vous ressenti le sentiment le plus intense de libération, de soulagement ou de liberté en tant que résultat de la pratique de non-jugement?
- Avez-vous été en mesure de partager l'expérience avec d'autres? Comment?

---

### Les Cinq niveaux de vérité

1. Dites-vous la vérité à vous-même à propos de vous-même.
2. Dites-vous la vérité à vous-même à propos des autres.
3. Dites la vérité à propos de vous-même à d'autres.
4. Dites la vérité à propos d'un autre à cet autre.
5. Dites la vérité à chacun à propos de chaque chose.

~ Neale Donald Walsch
*Conversations avec Dieu, tome 2*

---

**This page intentionally blank**

## Chapitre 2

## LA VOLONTE ET L'EXPERIENCE

### Résumé du Chapitre 2

Nous sommes tous conditionnés à réagir d'une certaine façon sur la base de nos expériences passées. Nous faisons souvent nos choix inconsciemment. Pourtant, quelles que soient les intentions dont nous voulons faire l'expérience dans notre vie, comme les rêves ou les buts que nous nous sommes fixés, cela implique une nouvelle volonté de créer l'inconcevable dans notre esprit. Si nous sommes concentrés sur de nouvelles intentions, nous retombons alors sur nos pieds pour voir ce que nous avons, plutôt que ce que nous n'avons pas. Il se peut que nous choisissions de chercher des opportunités pour mettre en place nos intentions et pour réaliser nos rêves. Chaque moment est toujours fait de choix.

Les deux mots clés pour s'évaluer soi-même sont « réactif » et « créatif ». Nous pouvons décider d'être exaspéré par quelque chose. C'est un choix. Après mûre réflexion, la plupart du temps nous nous rendons compte, plus tard, qu'il n'y avait pas lieu de se préoccuper de l'incident ou de l'événement! Or, apparemment, à ce moment-là, nous avions décidé d'en faire un drame ou une longue histoire. Une fois encore, le choix est là. Que nous en soyons conscients ou non est une autre histoire.

Dans notre monde actif et souvent dramatique, il ne nous semble pas avoir trop d'occasions de méditer, prier, pratiquer l'auto-réflexion ou même de participer à un séminaire où nous pouvons nous concentrer sur le développement de notre esprit. Pourtant, ces moyens sont excellents pour démarrer le processus positif axé sur les choix conscients de notre vie ; envoyer consciemment l'intention de vivre un mode de vie qui soit heureux, sain et libre. Neale et Dieu discutent sur le fait de ne pas du tout rendre les choses difficiles dans la vie. Nous pouvons tous utiliser cette facilité.

> « Tu pourras dire que tu es sur la voie de la maîtrise, lorsque tu verras rétrécir la distance entre la Volonté et l'Expérience ».
>
> ~ Neale Donald Walsch, chapitre 2, p.31
> *Conversations avec Dieu, tome 2*

## 2 – Citations d'autres Maîtres Spirituels

« Bien sûr, la meilleure façon de voir vos intentions se réaliser est d'aligner vos intentions avec l'intention cosmique, pour créer l'harmonie entre ce que sont vos intentions et ce que sont les intentions de l'univers pour vous. Une fois que cette harmonie se réalise, vous vous apercevrez que la synchronicité prend un grand rôle dans votre vie. La meilleure façon de créer cette harmonie est de cultiver une attitude de simple gratitude. Ayez cette gratitude pour tout ce que vous avez dans votre vie. Rendez grâce à la place que vous tenez dans le cosmos et à l'opportunité que vous avez de continuer votre chemin selon le destin que nous partageons tous ».

~ Deepak Chopra
*Le Livre des Coïncidences*

« Les croyants... sont des individus qui se sont rendus disponibles pour la réussite. Il est impossible de les amener à être pessimistes quant à la réalisation de ce qu'ils désirent dans leur vie. Plutôt que d'utiliser un langage indiquant que leurs désirs ne pourraient pas se matérialiser, ils s'expriment à partir d'une conviction intérieure qui communique leur profonde et simple croyance que la Source Universelle est là pour tout leur fournir ».

~ Wayne Dyer
*Le Pouvoir de l'Intention*

« ... Nos pensées, nos paroles et nos actes sont les fils du filet que nous lançons autour de nous-mêmes ».

~ Swami Vivekananda
*Citation dans le livre de Deepak Chopra « Les Sept Lois Spirituelles du Succès »*

« Vous êtes ici pour permettre à la mission divine de l'univers de se déployer. Vous êtes important à ce point »!

~ Eckhart Tolle
*Le Pouvoir du Moment Présent*

## 3 – Principes & Objectifs

### Principes :

I. L'intention est création.

II. Les croyances peuvent être non-productives et contribuer à des expériences inconfortables.

III. Donnez un nom à vos croyances et le changement commence.

IV. Les croyances limitées ne représentent qu'un choix.

V. Nous sommes responsables du choix de nos émotions dans nos vies.

VI. Les pensées destructives nous empêchent d'utiliser notre énergie d'une manière plus puissante, plus constructive et davantage dans le flux de l'énergie universelle.

### Objectifs d'étude :

A) Vous allez établir des intentions spécifiques ou des objectifs de vie.

B) Vous observerez les croyances positives et moins positives de votre dialogue intérieur, qui pourraient interférer avec les événements de votre vie, vos résultats de tous les jours.

C) Vous pratiquerez le choix juste et conscient.

## 4 – Exercices

---

*Conversations avec Dieu tome 2*, **Chapitre 2 – Affirmation**

**« Je suis responsable des choses qui se passent dans ma vie. J'apprends à rêver l'impossible. Je suis prêt à créer l'habitude de faire les choses d'une manière nouvelle ».**

---

1. Déterminez exactement comment vous désirez le déroulement de votre vie.

Faites une liste de ce que vous voulez accomplir, même si cela vous semble impossible pour le moment. Tenez compte des catégories suivantes :
- Les relations humaines
- Votre sens du bien-être, votre santé
- En termes de communauté, société, pays, voulez-vous aider… et si oui, comment ?
- Le niveau spirituel
- Le niveau matériel

---

2. Évaluez vos croyances

Prenez un bloc-notes ou bien utilisez les pages disponibles à la fin de ce guide et clarifiez toutes les croyances positives ou peu constructives que vous détenez au plus profond de vous-même. Essayez de vous poser des questions spécifiques. Par exemple, croyez-vous que :

- Pour réussir il faut que vous soyez beau/belle ou croyez-vous que le succès est à la portée de toutes/tous, à tout âge, de toute taille, de toute race ou culture?
- Les gens riches sont supérieurs ou bien sont-ils des êtres humains décents?
- Les hommes vous quittent (si vous êtes une femme) ou sont-ils tout aussi capables d'aimer que tout être humain?
- Les femmes sont moins bien payées ou méritent-elles autant de succès que les hommes?
- Le travail est ennuyeux ou est-il agréable et vous comble?
- Le sexe est sale ou est-il un cadeau à partager à deux?
- L'échec signifie ne pas être capable ou est-il une expérience enrichissante?
- Il vous manque toujours de l'argent ou l'abondance est une joie de chaque instant?
- L'amour n'est pas pour vous, ou est-il une partie glorieuse de la vie?
- Dieu est à craindre pour vos péchés ou vous soutient-il toujours inconditionnellement?

3. Déterminez les changements que vous souhaitez

Regardez la liste que avez écrite au sujet de vos croyances et prenez note des catégories qui sont difficiles pour vous. N'oubliez pas qu'à un moment donné de votre vie, quelqu'un vous a enseigné ces idées, vous les avez crues, vous ne saviez pas et vous n'aviez pas de point de comparaison. Vous avez cru tout cela « par habitude », pour ainsi dire. Maintenant, vous prenez conscience des obstacles et vous avez une toute nouvelle approche : soit vous pouvez continuer à faire la même chose indéfiniment, en espérant des résultats différents, soit vous pouvez décider de changer votre dialogue intérieur pour aller vers des changements positifs.

Vous pouvez maintenant expérimenter de nouvelles pistes de réflexion et voir ce qu'il se passe dans votre vie quotidienne. Puis :

a) Discutez de vos conclusions avec quelqu'un en qui vous avez confiance si vous le souhaitez.
b) Prenez note ou faites des croquis sur la façon dont vous ressentez les choses lorsqu'un nouveau choix vous apporte un nouveau résultat. Soyez précis. Les nouvelles sensations de votre corps vous diront des choses sur votre bien-être.

4. Examinez vos choix

Faites une liste de tous les choix importants que vous avez faits dans votre vie et notez bien lesquels étaient conscients ou inconscients. Notez la date et la manière dont ces choix ont affecté votre vie.

La prochaine fois que vous voulez faire un choix, prenez un moment pour réfléchir sur le choix que vous êtes en train de faire. Le simple fait que vous preniez conscience de ce choix amène cette connaissance au niveau de votre conscient plutôt que de votre inconscient.

Ensuite, évaluez ce que ce choix apportera à votre vie et à ceux qui vous entourent. Enfin, encore une fois s'il vous plaît, observez ce que ces nouveaux choix vous procurent. Si vous vous sentez bien, le choix est un bon choix pour vous. Si vous vous sentez mal à l'aise, quelque chose n'est pas équilibré ou peut-être vous êtes vous trompé sur ce choix. Ce serait alors sans doute une bonne idée de faire marche arrière à partir de ce choix et envisager un autre choix pour décider de votre prochaine étape.

## DEFINITIONS CLES du Chapitre 2 :

**Réactif** : s'abandonner aux émotions sans réflexion ni discernement

**Créatif** : le choix à faire de chaque instant

**Volonté** : disposé à consentir de bonne humeur avec empressement.

**Expérience** : le processus ou le fait d'observer personnellement, de rencontrer, ou d'entreprendre quelque chose. Apprendre à vivre, sentir, toucher, goûter, avoir l'intuition, plutôt que de suivre ce *qui nous est dit.*

## 5 – Résumé de la leçon de ce chapitre :

- En faisant la liste de ce que vous voulez accomplir, qu'avez-vous ressenti? Soyez précis dans votre carnet de notes.
- Après avoir évalué vos croyances, avez-vous été surpris? Quel type d'émotion est remonté à la surface?
- Avez-vous vraiment envie de continuer à vivre votre vie avec ces croyances?
- Vous avez acquis l'expertise de vous observer dans ce chapitre. Vous avez déterminé quelles sont vos croyances et vous êtes en train de planifier un rêve qui va devenir réel pour vous-même. Comment vous sentez-vous face aux changements que vous désirez dans votre vie et que vous êtes en train de réaliser?

**This page intentionally blank**

*Chapitre 3*

**LA CONSIENCE DU MOMENT PRESENT – NOUS SOMMES TOUS PARFAITS**

**Résumé du Chapitre 3**

Nous avons tous tendance à vivre à travers notre mémoire et dans l'anticipation de l'avenir. Du fait de cette façon de voir la vie, nous créons une anxiété sans fin par rapport au passé et sommes soucieux de l'avenir. Nous ne nous autorisons pas à vivre dans le moment présent.

Nous sommes tous parfaits tels que nous sommes. Il n'y a pas de mal si nous savons aller au-delà de l'idée du bien et du mal, c'est-à-dire être et agir à tout moment sans porter de jugement.

> « Il n'y a pas d'autre temps que celui-ci. Il n'y a d'autre instant que celui-ci. Il y a « maintenant », c'est tout. »
>
> ~ Neale Donald Walsch, chapitre 3, p.53
> *Conversations avec Dieu, tome 2*

**2 – Citations d'autres Maîtres Spirituels**

> « Ce que vous pensez être le passé n'est qu'une trace de la mémoire, entreposée dans l'esprit, d'un précédent Moment Présent. Lorsque vous vous rappelez le passé, vous réactivez une trace de la mémoire et vous le faites au Moment Présent. L'avenir est un Moment Présent imaginé, une projection de l'esprit. Quand le futur arrive, il arrive comme étant le Moment Présent. Quand vous pensez à l'avenir, vous le faites au Moment Présent. De toute évidence, le passé et le futur n'ont pas leur propre réalité ».
>
> ~ Eckhart Tolle
> *Le Pouvoir du Moment Présent*

« Quand vous êtes avec des gens qui reconnaissent leurs propres points négatifs, vous ne vous sentez jamais jugés par eux. Ce n'est que lorsque les gens voient le bon et le mauvais, le bien et le mal, comme étant des qualités en dehors d'eux-mêmes, que les jugements se produisent ».

~ Deepak Chopra
*Les Sept lois spirituelles du succès*

## 3 – Principes & Objectifs

### Principes

Compte tenu des mêmes séries de circonstances, l'éducation, les antécédents et les expériences, tout être humain possède le potentiel de montrer un comportement illimité. Il n'y a pas de bien ou de mal. Il Y A. Chacun agit par rapport à son propre niveau de conscience.

### Objectifs d'étude :

A)  Vous développerez la capacité de prendre conscience du moment présent.

B)  Vous apprendrez à vous accepter comme étant parfait tel que vous êtes.

## 4 – Exercices

---

*Conversations avec Dieu tome 2*, Chapitre 3 – Affirmation

**« Mon intention est d'avoir l'expérience du moment présent et de m'accepter comme étant parfait tel que je suis ».**

---

1.  Examinez vos états d'âme au sujet de la conscience du moment présent. Créez la perfection intérieure.

Lorsque vous commencez à avoir des inquiétudes sur le passé ou de l'anxiété sur l'avenir, arrêtez-vous. Portez votre attention sur le moment présent seulement. Par exemple, si vous travaillez à votre bureau, écoutez les sons qui vous entourent. Touchez et sentez de vos mains le bureau sur lequel vous travaillez, sa texture. Regardez par la fenêtre et prenez conscience de ce qui se passe dehors. S'il n'y a pas de fenêtre, regardez quelque chose et observez de quoi cette chose est constituée: sa couleur, son odeur, sa forme?

Répondez à ces questions plusieurs fois et prenez note des changements de vos réponses.

- Avez-vous déjà fait quelque chose en dehors du moment présent ? Pensez-vous que cela vous arrivera un jour ?
- Avez-vous déjà senti quelque chose en dehors du moment présent ? Pensez-vous que cela vous arrivera un jour ?
- Avez-vous déjà vécu quelque chose en dehors du moment présent ? Pensez-vous que cela vous arrivera un jour ?
- Avez-vous déjà pensé à quelque chose en dehors du moment présent ? Pensez-vous que cela vous arrivera un jour ?

2. Prenez une page neuve de votre carnet de notes.

- Sur le côté gauche, écrivez trois qualités que vous aimez vraiment sur vous-même.
- Sur le côté droit de votre page, écrivez le nom de quelqu'un que vous n'appréciez pas et prenez note de trois défauts de cette personne.
- Tracez un grand cercle complet autour des défauts et des qualités. Tous ces traits de caractère représentent qui vous êtes!

3. Lorsque vous êtes avec quelqu'un, essayez consciemment de:

- Regarder la personne droit dans les yeux avec un sourire dans vos yeux.
- Envoyez-lui en silence des énergies de sollicitude.
- Pratiquez cela souvent.

En pratiquant cette expérience, l'autre personne recevra, consciemment ou inconsciemment, le respect et la sollicitude que vous envoyez en elle. L'expression de votre visage, le ton de votre voix et votre langage corporel seront perçus à un niveau très profond.

4. Une observation personnelle dans un miroir peut être très émouvante:

- Regardez-vous droit dans les yeux.
- Reconnaissez la beauté de votre réflexion.
- Souriez.
- Envoyez un regard de compassion à vous-même.
- En vous regardant vous-même, caressez doucement vos bras, embrassez vos mains
- Dites : « Tu es si belle/beau et talentueuse/talentueux, et tout est parfait »

**DEFINITIONS CLES du Chapitre 3 :**

**La Conscience du Moment Présent :** une façon d'être, par opposition à quelque chose que nous faisons. Un indicateur fiable que nous sommes entrés dans la conscience du moment présent, est que notre expérience de la vie, (peu importe la façon dont elle apparaît extérieurement), est pénétrée d'un sentiment de gratitude profondément ressenti. Cette appréciation n'est pas fondée sur la comparaison. Ce n'est pas une gratitude qui s'épanouit seulement parce que notre vie se déroule exactement comme nous le voulons ou parce que tout est ressenti comme étant parfaitement facile. C'est une reconnaissance à l'invitation, au voyage, et au cadeau de *la vie elle-même*. C'est une gratitude qui ne requiert ni raison ni compréhension. La gratitude est le seul élément repérable sur lequel on peut compter en tant qu'indicateur sur la façon dont nous sommes dans le présent et *dans le moment* de l'expérience de notre vie. Si nous n'avons pas de gratitude pour le fait d'être vivant, c'est parce que nous nous sommes écartés du moment présent, de retour dans notre passé ou en sautant dans notre futur sur la façon dont nous pensons que la vie est *supposée* être.

**5 – Résumé de la leçon de ce chapitre :**
Essayez de lire ces questions et d'écrire vos réponses, spontanément, sans vous arrêter d'écrire pendant 10 à 15 minutes. Observez le genre de réponses qui émergent.
- Après auto-réflexion sur l'introspection de prise de conscience du moment présent, qu'avez-vous appris?
- Comment? Pourquoi?
- Lorsque vous avez réalisé que tous les traits de personnalité de la personne que vous n'aimez pas représentent qui vous êtes, avez-vous été dans l'incrédulité? Pourquoi?
- Après réflexion au sujet de ces traits, avez-vous été en mesure de les reconnaître enfin? Était-ce une tâche difficile? Pourquoi?
- Votre travail dans le miroir : qu'avez-vous ressenti? Pourquoi?

*Chapitre 4*

## LA CONSCIENCE COLLECTIVE

### Résumé du Chapitre 4

Tous les événements et les expériences de la vie ont pour but de créer des possibilités. Les événements de la vie sont aussi le résultat de la conscience collective. Si vous n'êtes pas satisfait de la prise de conscience du groupe auquel vous appartenez, vous avez le choix soit de quitter ce groupe, soit d'y rester. Il y a deux façons d'utiliser la conscience : la paix ou la violence. Nous pouvons toujours choisir consciemment, en pleine connaissance de cause.

---

« Ton monde et l'état dans lequel il se trouve, est un reflet de la conscience totale et combinée de chacun de ceux qui y vivent ».

~ Neale Donald Walsch, chapitre 4, p.78
*Conversations avec Dieu, livre 2*

---

### 2 – Citations d'autres Maîtres Spirituels

---

« La voie de la paix repose sur le même principe qui fut introduit à l'ère de la science : un bond dans la prise de conscience. Quand ils furent les témoins de démonstrations de machines à vapeur, de l'éclairage électrique, des vaccins, les gens s'y adaptèrent au niveau de leur propre conscience. L'idée de l'être humain ne pouvait plus être compatible avec la lecture à la chandelle, le voyage à cheval, la souffrance à travers des taux élevés de décès pendant l'accouchement, les temps de vies courtes et les ravages de la maladie. Un bond dans la prise de conscience collective eut lieu ».

~ Deepak Chopra
*Peace is the way*

---

# 3 – Principes et Objectifs

## Principes
## (Base de nouvelles idées pour le monde, selon Neale Donald Walsch)

I. Un grand nombre de personnes dans une zone donnée se comportent simultanément de façon similaire, ont des objectifs identiques qui pourraient être différents de ce qu'individuellement ils feraient ou seraient.

II. Les comportements de groupes diffèrent des actions de masse. Ces dernières font référence à des personnes se comportant de la même façon à une échelle plus globale, tandis que les comportements de groupe font référence à des personnes dans un lieu déterminé, une communauté plus localisée.

III. Vous ne pouvez pas connaître le froid s'il n'y a pas de chaud. Nommer et faire la lumière sur le contexte et les contrastes de cette vie, éclaire nos moments de choix.

## Objectifs d'étude :

A) Vous connaîtrez à travers un sens développé de votre individualité et en la vivant, votre état de conscience et l'état de conscience du monde.

B) Vous apprendrez à rechercher le changement dans la conscience de groupe, si vous le souhaitez et si celle-ci ne vous satisfait pas.

C) Vous vous rendrez compte que le changement de la prise de conscience de votre groupe local changera sa vision du monde, car il n'y a pas de séparations.

D) Vous pourriez voir les traditions de votre famille, votre culture ou votre religion sous un angle tout à fait nouveau après ce chapitre.

# 4 – Exercices

---

*Conversations avec Dieu tome 2*, Chapitre 4 – Affirmation

**« Mon désir est de développer mon sens du « moi », faire l'expérience d'un environnement ouvert où mes intentions me connecteront à une conscience plus étendue me conduisant à des miracles, à la paix et à l'harmonie ».**

---

1. Pour connaître votre état de conscience personnel, c'est être l'observateur de ce qui se passe autour de vous. Si le sentiment de votre individualité n'est pas ouvert, il se manifestera comme étant très étroit et peureux ; vous n'aurez pas confiance en vous. Vous ne vous sentirez pas protégé et en sécurité. Votre attitude et votre comportement extérieurs seront considérés comme agressifs, arrogants, avides, exigeants, et

---

malheureux. Toutefois, si le sentiment de votre individualité est ouvert, vous sentirez la liberté, la paix et vous ne vous sentirez pas restreint. Votre attitude, dans ce cas, se manifestera comme étant très créative, nourrissante, humble, de partage, de compassion et de générosité.

- Notez votre attitude chaque jour pendant deux semaines.
- Inscrivez chaque jour sur votre calendrier les mots qui décrivent vos caractéristiques générales.
- Discutez avec un ami.

2. Si vous voulez connaître l'état de conscience collectif, regardez ce qui se passe dans le monde. Si le sentiment de l'individualité collective est fermé, son identité sera considérée comme étant axée sur l'appât du gain, la compétition avide, les conflits militaires, la violence, la peur et la recherche du pouvoir économique. Listez vos propres pôles d'intérêt dans votre travail et vos loisirs :

Liste, Partie A

| Attitudes pacifiques | Attitudes fermées ou de conflit |
|---|---|
| | |
| | |
| | |
| | |

3. L'Eveil dans votre (vos) groupe(s) : Si les communautés, les sociétés ou les institutions exprimaient leurs individualités supérieures et élargies, elles transformeraient leur culture de groupe. Plus d'Unité avec le monde développerait des groupes orientés vers la coopération, le service, la non-violence, l'humilité, la paix et la justice. Ce comportement modifié favoriserait un monde conscient, plus équilibré, plus évolué et basé sur le respect de toutes les vies. Ce niveau élevé de respect de la vie amènerait la prise de conscience que l'amour en pleine expansion est la force sous-jacente de l'univers, de nos mondes.

Nous avons appris des leçons puissantes de comportements passés, tels que celui d'Adolf Hitler. Nous avons maintenant le choix d'être des modèles pour l'avenir. Cela commence par un changement à l'intérieur de nous-mêmes. Une fois que nous changerons ce qui se passe dans notre monde intérieur, le monde autour de nous changera. Nous pouvons penser que cela sera juste une goutte d'eau dans l'océan, mais de nombreuses gouttes, transcenderont l'état actuel des affaires du monde.

Liste, partie B
Envisagez de discuter de votre liste ci-dessus avec les personnes que vous avez citées. Sachez que même un dialogue sur ces sujets apportera des changements dans votre vie quotidienne.

**DEFINITIONS CLES du Chapitre 4:**

**Conscience collective** : les croyances et les attitudes morales qui opèrent en tant que force unificatrice (s) au sein de la société. Ce terme a été utilisé par le théoricien social français Emile Durkheim (1858-1917) dans son oeuvre : La Division du Travail (1893), Les Règles de la Méthode Sociologique (1895), Suicide (1897), et Les Formes Elémentaires de la Vie Religieuse (1912).

**Sentiment d'individualité collective**: attitude et donc comportement d'une masse critique de personnes, sociétés, communautés ou institutions qui font basculer l'histoire.

## 5 – Résumé de la leçon de ce chapitre:

- Collectivement, nous avons appris des leçons puissantes de comportements passés, comme ceux d'Hitler. Réfléchissez à d'autres leçons collectives que nous avons apprises des comportements passés. Écrivez une demi-douzaine de grands événements qui vous viennent à l'esprit.

1)_____

2)_____

3)_____

4)_____

5)_____

6)_____

- La vie est faite de contrastes, si vous ne connaissez pas la lumière, alors qu'est-ce que l'obscurité? Lorsque nous voulons quelque chose, son contraire aussi se présente, et vous pouvez ensuite choisir clairement ce que vous désirez!

- Nous avons toujours le choix d'être des modèles pour l'avenir. Cela commence par transformer ce qui se passe au plus profond de nous-mêmes. Une fois que nous changeons ce qui se passe dans notre propre monde, le monde autour de nous changera. Nous pouvons croire que ce sera seulement une goutte dans l'océan, mais des milliards de gouttes ensemble transcenderont l'état actuel des affaires du monde, vague par vague.

**Chapitre 5**

**LE TEMPS**

## Résumé du Chapitre 5

Le temps fait partie de notre imagination, car la continuité et la solidité de notre monde n'existe que dans nos esprits. Nous ne sommes que des systèmes nerveux qui explorons notre monde à travers nos cinq sens. À ce niveau de perception, nous ne pouvons pas discerner les vagues d'énergie et d'information de l'existence. À un niveau subatomique, comme cela est expliqué en profondeur en physique quantique, nous vibrons dans et hors de l'existence, continuellement.

Tout, dans la vie passée, dans cette vie et dans la vie future, se déroule maintenant. D'une action négative passée inconfortable et traumatique, nous pouvons transcender en un résultat positif et constructif pour le futur. C'est le Karma, l'action de la vie, le choix et le changement. *C'est vous qui êtes en mouvement.*

Embrasser l'incertitude est une bénédiction et un courant de vie qui amènent l'épanouissement de notre Individualité Divine en des êtres spirituels en constante évolution, sous forme humaine.

> « Une véritable compréhension du temps te permet de vivre beaucoup plus paisiblement ta réalité relative, dans laquelle le temps est vécu comme un mouvement, un courant, plutôt que comme une constante. C'est toi qui te déplaces, et non le temps. Dans le temps, il n'y aucun mouvement. Il n'y a qu'Un Seul Instant ».
> ~ Neale Donald Walsch, chapitre 5, page 87
> *Conversations avec Dieu, tome 2*

## 2 – Citations d'autres Maîtres Spirituels

> « Sans la conscience agissant en tant qu'observateur et interprète, tout existerait seulement en tant que potentiel pur ».
> ~ Deepak Chopra
> Le Livre des Coïncidences

> « Si je me brûle sur un poêle brûlant, cette fraction de seconde me semble une éternité. Mais si je suis avec une très belle femme, même l'éternité me paraît être une seconde. Elle s'évanouit en un instant. Ce n'est jamais assez ».
>
> ~ Albert Einstein

## 3 – Principes & Objectifs

### Principes

I. L'expérience du temps est subjective, un courant paisible ou non.

II. Lorsque vous prêtez attention à votre moi intérieur, par opposition à faire attention à vos expériences sur terre, (selon Neale, selon l'Ayurveda et une foule d'autres chefs d'œuvres), vous permettrez à votre esprit intérieur d'être l'observateur silencieux de l'unité de tout.

### Objectifs d'étude :

A) Vous allez découvrir comment modifier votre perception du temps.

B) Vous serez en mesure de briser la barrière du temps et d'accéder au facteur immuable (le vous et le Tout) qui est toujours présent.

## 4 – Exercices

> **Conversations avec Dieu tome 2, Chapitre 5 – Affirmation**
>
> **« Tous les événements de ma vie que je ne considèrerais généralement que comme le futur, sont capables d'influencer certains événements de mon passé ».**

1. Chaque fois que vous faites quelque chose que vous aimez, comme par exemple écouter de la musique merveilleuse, jouer, sentir la beauté de la nature qui vous entoure ou tomber amoureux(se), arrêtez-vous. Sentez. Appréciez. Observez combien le temps passe vite quand vous êtes plongé dans ce que vous aimez.

2. Chaque fois que vous n'aimez pas faire quelque chose, soyez conscient de combien le temps vous semble long. Prenez des notes dans votre carnet. Comment le temps passe-t-il pour vous?

3. En vous rappelant les événements de votre vie jusqu'à maintenant, demandez-vous:
   - Qui se souvient vraiment, qui est le témoin?
     Vous avez vécu des expériences en tant qu'enfant, adolescent, adulte, et adulte qui a changé. Pourtant, la « personne » qui est le témoin de tous vos rôles est la même, cet esprit immuable.
   - Partagez cette expérience avec une personne de confiance et comparez vos sentiments à ce sujet. Le partage en collaboration vous permet de re-découvrir et d'apprécier « Qui Vous Etes Vraiment » : la conscience illimitée pure.

4. Une autre expérience du temps: si vous êtes toujours en train de courir, votre système nerveux accélèrera. Mentalement, fixez une date et donnez-vous la permission complète « *d'avoir le temps* », une fois par jour, pendant une semaine. Remarquez si votre système est plus calme et s'il a ralenti.

## DEFINITIONS CLES du Chapitre 5 :

**Albert Einstein**: mieux connu pour sa théorie de la relativité et en particulier l'équivalence masse/énergie, $E = mc^2$. Einstein reçut le Prix Nobel de Physique de 1921 « pour ses services à la Physique Théorique et en particulier pour sa découverte de la loi de l'effet photoélectrique ».

**La physique quantique**: une branche de la science qui traite des unités distinctes et indivisibles de l'énergie appelée quanta. Il existe cinq principales idées représentées dans la Théorie Quantique :

1. L'énergie n'est pas continue, elle arrive en unités petites et distinctes.
2. Les particules élémentaires se comportent à la fois comme des particules et comme des vagues.
3. Le mouvement de ces particules est fondamentalement aléatoire.
4. Il est *physiquement impossible* de connaître simultanément la position et l'impulsion d'une particule. Le plus l'une est connue précisément, moins la mesure de l'autre est précise.
5. Le monde atomique n'est rien d'autre que le monde dans lequel nous vivons.

En un clin d'œil, cela peut seulement sembler être une autre théorie étrange ou complexe, mais la physique quantique est titulaire de la nature fondamentale de l'univers. Elle décrit la nature de l'univers comme étant très différente du monde que nous voyons *physiquement*. Comme l'a dit Niels Bohr : « Celui qui n'est pas choqué par la théorie quantique ne l'a pas comprise ».

**Karma = Action** : l'action conduit à la mémoire qui conduit aux désirs qui créent de nouveau l'action. Vous buvez un verre de lait. C'est l'action de boire. Le goût du lait développe une mémoire. Cette mémoire crée un désir, soit de boire plus de lait ou de ne jamais plus boire de lait. L'action de boire du lait ou non, à une date ultérieure, est le résultat d'un choix que vous faites, c'est-à-dire l'ACTION.

**Ayurveda**: un ancien système de médecine de soins de santé. « Ayurveda » se traduit à peu près comme la «connaissance de la vie ». La vie est définie comme la « combinaison du corps, des organes, des sens, de l'esprit et de l'âme, le facteur responsable de la prévention du déclin et de la mort qui soutient l'organisme dans le temps et guide le processus de renaissance». Ayurveda protège « Ayus » (la vie), par des pratiques de vie saine et des mesures thérapeutiques qui favorisent l'harmonie physique, mentale, sociale et spirituelle. Ayurveda est l'un des rares systèmes traditionnels qui inclut une médicine sophistiquée pour l'intégration de l'esprit, du corps et de l'âme.

## 5 – Résumé de la leçon de ce chapitre:

- Réfléchissez sur vous-même et faites un bilan de ce que vous avez appris dans ce chapitre. Demandez-vous :
    - o Qu'ai-je appris au sujet du temps?
    - o Quel est mon rapport avec le temps?
    - o Comment puis-je consciemment changer le temps pour moi-même?
    - o Comment mon état de santé est-il affecté par mon attitude au sujet du temps?

- En partageant l'expérience du souvenir des événements de votre vie jusqu'à maintenant avec quelqu'un, demandez-vous :
    - o Quelles sont les questions et les sujets qui sont revenus à la surface pour moi?
    - o Pour nous deux?
    - o Chacun de nous a fait l'expérience de quelque chose lorsque nous étions ensemble, décrivez cela en détails l'un à l'autre.

*Chapitre 6*

**L'ESPACE**

**Résumé du Chapitre 6**

Ce que nous percevons comme étant des *objets sont en réalité l'espace vide.* Pourtant, quand on touche un objet, nous sentons la solidité! C'est notre interprétation du domaine physique, le champ des molécules. Nous sommes programmés pour voir et sentir les objets à travers nos cinq sens. Notre système nerveux est l'instrument de cette perception. C'est donc seulement dans notre conscience que nos sens limités créent un monde solide.

Si nous étions suffisamment petits, nous pourrions naviguer au niveau quantique, et nous pourrions voir que tout ce que nous pensons être solide n'est en fait qu'un clignotement d'un vide infini à la vitesse de la lumière. A travers la potentialité pure et le choix, nous pouvons faire des sauts quantiques de créativité afin d'améliorer nos vies.

Nous avons tous – hommes et femmes – la possibilité infinie d'exprimer nos côtés féminins et masculins.

> « En réalité, ce que tu appelles matière, c'est surtout de l'espace. Tous les objets    «
> solides » sont composés de 2 pour cent de « matière » solide et de 98 pour cent
> d'« air »!
>
> ~ Neale Donald Walsch
> *Conversations avec Dieu, livre 2, p.100*

**2 – Citations d'autres Maîtres Spirituels**

> « L'espace, en termes de médecine Ayurvédique, est le vide dans lequel réside un
> potentiel illimité. En ce sens, l'espace peut être décrit comme la manifestation extrême
> de l'esprit, qui englobe également les possibilités infinies. L'Ayurveda enseigne que
> l'espace est le domaine du potentiel illimité d'où la conscience crée l'univers matériel ».
> ~ David Simon, MD
> Wisdom of Healing

## 3 – Principes & Objectifs

### Principes
### (Base de nouvelles idées pour le monde, selon Neale Donald Walsch)

I. Dans nos vies, nous faisons l'expérience du passé dans notre mémoire et de l'avenir dans notre imagination.

II. Tout se passe simultanément. Au niveau de la spiritualité, le passé, l'avenir et l'ensemble des différentes possibilités de la vie existent en même temps.

### Objectifs d'étude:

A) Vous développerez l'intention de penser et d'agir avec flexibilité.
B) Vous observerez un système vous permettant de faire des sauts de créativité.


## 4 – Exercices

---

*Conversations avec Dieu tome 2*, **Chapitre 6 – Affirmation**

**« Mon intention est de penser et d'agir avec souplesse pour être en mesure de faire des sauts quantiques de créativité ».**

---

1. Il est facile de prendre des habitudes et de répéter des vieux schémas qui ne vous sont pas utiles. C'est pourquoi il est si important de pratiquer de nouvelles façons de penser et d'agir. Décidez de rompre certaines habitudes. Faites une liste de choses que vous faites d'une façon régulière et trouvez d'autres façons de les faire.

   Ce que je fais                           Comment puis-je le faire différemment?

   Vos opinions sur quelqu'un
   Votre avis sur quelque chose
   Vos genres de musique
   Vos styles de vêtements
   L'heure à laquelle vous vous éveillez
   Exercice?
   Vos types de livres

2. Faites cela pendant deux semaines, voyez ce qui se passe et écrivez les effets dans votre carnet de notes.

3. Apprendre à penser hors de l'ordinaire, c'est d'abord rêver l'impossible, ou ce qui vous semble impossible à partir de votre propre perspective. Même si vous ne savez pas comment votre rêve se réalisera, contentez-vous d'y croire. Rêvez Grand! A ce

moment là, il s'agit d'un bond. Vous passez d'un mode de pensée à un autre sans rien entre les deux. Nous possédons une puissance créatrice illimitée que nous pouvons utiliser pour résoudre et faire face à toute situation dans notre vie.

Choisissez un rêve et ...
- Ecrivez vos intentions clairement au temps présent.
- Évaluez les défis auxquels vous aurez à faire face.
- Parlez-en à vos amis et à votre famille.
- Faites des recherches sur Internet, dans des livres ou participez à des séminaires.
- Analysez tout, sur la base des informations que vous avez recueillies, pour accéder à une compréhension totalement nouvelle de la situation.
- Laissez reposer pendant un certain temps. La transformation prend du temps.
- Utilisez une technique de méditation * afin de permettre à votre esprit de s'ouvrir et de ralentir pour laisser émerger quelque chose d'une manière que vous n'avez pas imaginée auparavant.

Réflexion:

- Comment votre perception du rêve a-t-elle changé?
- Il s'agit d'un bond de créativité.
- Considérez maintenant que *rien* ne vous arrêtera dans la résolution de votre intention!
- Vous pouvez expérimenter différentes façons de vivre. Vous pouvez être prêt à être pro-actif/active, parce que vous savez ce qu'il faut faire pour créer votre rêve.
- Constatez maintenant que les défis de votre vie deviendront une opportunité pour de nouvelles solutions en nouveaux rêves.

* Technique facile de méditation pour débutants :

1. Asseyez-vous confortablement et fermez les yeux.
2. Attendez quelques secondes.
3. Commencez à porter votre attention sur votre souffle.
4. Ne forcez pas, ne vous concentrez pas.
5. En étant à l'écoute de votre souffle, il se peut que vous vous aperceviez que votre attention s'est éloignée de votre souffle au profit d'autres pensées dans votre esprit, ou un bruit autour de vous, ou une sensation dans votre corps. Lorsque vous vous rendez compte que votre attention s'est éloignée de votre souffle, revenez sur votre souffle.
6. Pratiquez cette méditation pendant 15-30 minutes.
7. N'oubliez pas de prendre quelques minutes pour sortir de votre méditation, avant de revenir à l'activité.

**DEFINITIONS CLES du Chapitre 6 :**

**Conscience**: Être éveillé et conscient de notre *Potentialité Pure*

**Un saut quantique**: un saut de A à C, sans passer par l'un des points entre A et C. Imaginez que vous montiez à bord d'un avion à Paris et que juste lorsque vous prenez place dans votre siège, l'avion vous transporte instantanément à votre destination de New York. Vous venez de faire un bond quantique. Dans cette supposition, l'avion n'est passé par aucun point entre Paris et New York.

5 – Résumé de la leçon de ce chapitre :
Aimable Rappel: utilisez votre bloc-notes et vos carnets de croquis pour ces chapitres de synthèse de questions et réponses. Il se peut que ces questions vous soient familières, mais après chaque chapitre, vous avez évolué et changé. Vous êtes invité à examiner comment et pourquoi évoluer davantage!

- Lors de la pratique de nouvelles façons de penser et d'agir, avez-vous été en mesure d'observer la manière dont vous vous êtes senti dans votre esprit et dans votre corps? Quelles sont vos observations?

- Si l'observation semble être un problème, essayez d'examiner le stade où vous en êtes dans votre vie. Simultanément, notez vos sentiments.

- Pour effectuer des sauts quantiques de créativité, il est important de penser hors de votre routine ordinaire et du processus de vos pensées journalières. On a dit que la définition de la démence est de toujours faire la même chose, en espérant des résultats différents. Changez quelque chose et voyez ce qui se passe pendant ce changement. Ecrivez ou dessinez ces informations.

- En rêvant l'impossible, que se passe-t-il à l'intérieur de vous-même?
  o Est-ce que rêver crée en vous un nouveau niveau d'énergie?
  o Est-ce que vous savez si vous êtes sur la bonne voie pour réaliser votre rêve?
  o Décrivez ou dessinez ces réponses.

### *Chapitre 7*

### LA SEXUALITE

**Résumé du Chapitre 7**

Il est normal d'aimer les relations sexuelles, mais plus que cela, de vous aimer vous-même. La sexualité est une célébration de l'amour.

En Tantra, la masturbation est largement encouragée comme étant un moyen de partager et de faire plaisir aux autres pour une union joyeuse de l'esprit, du corps et de l'âme.

Avoir des relations sexuelles n'est pas seulement pour faire des enfants. L'expression sexuelle fait partie de la nature humaine. Elle fait partie de la circulation de l'énergie de la vie. Nous envoyons tous des vibrations, et ces vibrations peuvent se faire sentir tout le temps et partout.

---

Neale :
« Pourquoi as-Tu créé deux sexes? Est-ce la seule façon que Tu as trouvée d'imaginer comment nous allions nous recréer? Comment devrions-nous aborder cette incroyable expérience appelée sexualité »?

Dieu :
«Sans honte, c'est certain. Et sans peur ni culpabilité. Car la honte n'est pas une vertu, la culpabilité n'est pas la bonté, et la peur n'est pas l'honneur … … Et, de toute évidence, sans idées de contrôle, de pouvoir ou de domination, car elles n'ont rien à voir avec l'Amour ».

~ Neale Donald Walsch
*Conversation avec Dieu, tome 2, page 107*

---

## 2 – Citations d'autres maîtres spirituels

« Il ne suffit pas d'apprendre aux enfants à l'école le mécanisme de la sexualité. Nous avons besoin, à un niveau très profond, de permettre aux enfants de se rappeler que leur corps, leurs organes génitaux et leur sexualité sont des choses pour lesquelles il faut se réjouir ».

~ Louise Hay
*Transformez votre vie*

## 3 – Principes & Objectifs

### Principes :

I. Aimez-vous. Faites tout pour votre bien le plus élevé et tout pour le bien le plus élevé de tout le monde.

II. L'enseignement du Tantra peut renforcer notre étreinte de la vie et permettre de précipiter la transcendance d'expériences ordinaires en des expériences extatiques.

III. La Loi de l'Attraction: l'énergie est ressentie par les hommes et les femmes et quand cette loi est comprise, elle peut entraîner une augmentation du plaisir.

### Objectifs d'étude :

A) Vous apprendrez comment transformer vos sentiments et vos croyances sur la sexualité, en une liberté retrouvée.

B) Vous ouvrirez votre esprit sur la façon dont la sexualité peut entrer dans votre vie d'une manière nouvelle.

C) Vous apprendrez à comprendre et à utiliser l'énergie comme un lieu d'Union Divine.

## 4 – Exercices

### *Conversations avec Dieu tome 2*, Chapitre 7 – Affirmation

**« Réveiller mon corps, ralentir mon mental et libérer mon esprit, me permettront d'atteindre d'autres niveaux de conscience, me conduisant à l'extase ».**

1. Dans votre carnet de notes, écrivez toutes les choses que vous ressentez et que vous croyez au sujet de la sexualité.
   - Qu'avez-vous appris de vos parents au sujet de votre corps? Etait-il beau ou quelque chose à cacher?
   - À l'école, qu'avez-vous appris de vos professeurs sur la sexualité?
   - Dans votre religion ou dans votre culture, le sexe était-il considéré comme quelque chose de négatif, un péché qui mériterait une punition?
   - Peut-être que vos parents ont donné un surnom à vos organes génitaux?
   - Avez-vous été blessé sexuellement quand vous étiez enfant?
   - Avez-vous honte de votre corps?
   - Avez-vous peur de dire ou de montrer à votre partenaire ce qui vous fait du bien?

2. Maintenant, prenez rendez-vous avec vous-même à une date précise. Prenez une journée entière.
   ETAPE 1 – PRENEZ SOIN DE VOUS À LA MAISON
   Assurez-vous que votre salle de bain est suffisamment chaude, car vous serez nu(e) pendant une heure ou deux.

   - Commencez par prendre un bain sensuel.
         Allumez des bougies et brûlez un encens de votre choix. Mettez de la musique relaxante. Ajoutez des huiles essentielles ou un bain moussant dans votre eau et enfin, assurez-vous que la température de l'eau est parfaite pour vous. Utilisez vos senteurs préférées. Déshabillez-vous et pliez vos vêtements avec soin. Laissez-vous glisser lentement dans l'eau. Sentez l'eau caresser chaque partie de votre corps. Après 15 minutes de bonheur dans votre bain, sortez de la baignoire et séchez-vous doucement. Prenez bien soin de vous-même.

   - Cherchez des choses que vous aimez au sujet de votre corps.
         Prenez un miroir à main et mettez-vous devant votre grand miroir. Regardez chaque centimètre de votre corps et repérez une zone où vous pouvez trouver quelque chose à aimer. Cela peut être la couleur ou la douceur de votre peau, la courbe de votre hanche ou la beauté de vos mains. N'oubliez pas d'examiner vos organes sexuels avec votre miroir à main et observez les différentes couleurs et grains de votre peau ainsi que votre système pileux. Devant votre grand miroir, essayez différentes positions qui vous avantagent le plus. Jouez avec vos yeux et votre sourire. A l'aide de vos bras, serrez-vous tendrement et dites-vous en vous regardant droit dans les yeux : « Je t'aime »!

   - Se caresser soi-même.
         Allongez-vous sur votre lit et à l'aide de vos mains, commencez à dessiner des cercles à l'intérieur de votre avant-bras. Prenez note de ce que vous aimez: préférez-vous une pression plus ou moins accentuée? Aimez-vous la caresse plus ou moins lente? Maintenant prenez un peu de votre huile de massage pour le corps. Chauffez-la dans vos mains et commencez à nouveau à faire des cercles sur votre avant-bras. Commencez à appliquer votre huile de massage de chaque côté de votre cou, sur vos épaules, autour de vos yeux, sur vos oreilles, sur toutes les parties de votre visage, y compris sur vos lèvres inférieure et supérieure. Allez jusqu'à votre poitrine et

vos mamelons, votre abdomen, vos jambes, vos pieds et vos orteils. Ensuite, appliquez plus d'huile directement sur vos organes génitaux et commencez à explorer lentement en vous caressant vous-même, tout en remarquant quels endroits particuliers sont les plus sensibles.

ETAPE 2 – VOUS EXPLORER VOUS-MEME

- Les centres d'énergie. Le Tantra reconnaît sept centres énergétiques dans le corps. Ces centres d'énergie sont connus comme étant des Chakras, en sanscrit. En utilisant le pouvoir de votre intention, vous pouvez évacuer les toxines qui limitent l'expression complète de votre prana (mot sanskrit pour « force de vie »):
- Asseyez-vous dans une position confortable, les yeux fermés, les épaules détendues, les mains sur vos genoux, paumes de la main vers le ciel.
- Commencez à attirer votre attention sur la base de votre colonne vertébrale (1er chakra), prenez une respiration profonde et lancez le son LAM comme s'il venait de ce 1er chakra, permettant ainsi au son d'augmenter votre niveau d'énergie. Restez sur ce son aussi longtemps que votre expiration le permet.
- Remontez à la hauteur de vos organes sexuels, avec le son VAM, de la même manière que vous l'avez fait pour le 1er.
- Portez ensuite votre attention au niveau de votre plexus solaire avec le son RAM,
- Prenez conscience de votre cœur avec le son YUM,
- Remontez au niveau de votre gorge avec le son HUM,
- Prenez ensuite conscience de votre front avec le son SHAM,
- Prenez enfin pleinement conscience du haut de votre crâne avec le son AUM.

**DEFINITIONS CLES du Chapitre 7:**

**Tantra**: système de croyances et de pratiques qui, partant du principe que l'expérience que nous faisons de l'univers n'est rien d'autre que la manifestation concrète de l'énergie divine. Cette énergie crée et maintient cet univers. Elle cherche, à travers des rituels et des pratiques, à s'approprier et à canaliser cette énergie, au sein de connexions humaines, par des moyens créatifs et de croissance.

**Chakras:** vortex ou centres d'énergies subtiles ou non, se déplaçant en un mouvement de rotation. Si l'énergie dans le système des chakras est claire et coule librement, vous aurez l'expérience d'un flux de bonheur et de paix dans votre vie, ainsi qu'une augmentation de votre énergie sexuelle. Le processus clarifiant les blocs d'énergies au sein du système des chakras demande de la détermination et de la confiance.

**Sanskrit:** une langue ancienne classique, Indo-européenne de l'Inde.

**Prana:** mot sanskrit qui fait référence à un élément essentiel du maintien de la vie des êtres vivants et à une énergie vitale dans le processus naturel de l'univers. Prana est un concept central en Ayurveda et en yoga où l'on pense qu'il circule à travers un réseau de canaux subtils appelés nadis au sein du corps humain.

## 5 – Résumé de la leçon de ce chapitre :

Essayez ici de changer votre façon d'être relative à votre auto réflexion :
   a) Dessinez si vous avez écrit jusqu'à présent.
   b) Enregistrez ou filmez si vous avez écrit jusqu'à présent.
Écoutez-vous de cette nouvelle manière.

Lisez les énoncés ci-dessous et amenez-les sous forme de réponses et d'idées qui vous semblent justes, surtout après ce que vous avez découvert dans ce chapitre:

- Beaucoup d'entre nous ont grandi en pensant que la sexualité était sale, que le sexe est un péché ou que l'on doit agir d'une certaine manière, avec une seule personne, voire être marié pour avoir des rapports sexuels. Certains croient également que la sexualité ne sert qu'à procréer. Parfois, nous pensons que notre corps n'est pas assez beau et nous n'osons pas demander ce que nous voulons, surtout sexuellement.
- Nous avons tendance à observer les parties de notre corps que nous n'aimons pas. Cette fois, vous avez fait un bond quantique pour être une personne qui s'engage à avoir de plus en plus de plaisir dans la vie.
- Dans l'expérience du toucher de votre corps avec de l'huile, comment vous êtes-vous senti? La sensation a-t-elle été différente par rapport au fait d'utiliser des mains sèches?
- Plus vous apprendrez ce qui vous fait sentir bien, plus vous en saurez sur la façon dont votre partenaire se sent et moins vous aurez d'inhibition sur le processus total de faire l'amour, y compris de demander à votre partenaire si elle/il se sent bien et si elle/il a besoin de plus ou moins de quelque chose.
- Continuez ce chapitre à votre façon. Essayez de laisser cette information croître dans votre vie quotidienne, car vous avez changé. Comment avez-vous changé? Réagissez à cet égard. Partagez avec un partenaire ou un ami ce que vous êtes en train d'apprendre.

**This page intentionally blank**

**Chapter 8**

**LES ETATS DE CONSCIENCE PLUS ELEVES**

**Résumé du Chapitre 8**

Tout comportement est acceptable dans la vie dans son ensemble, ou en sexualité, tant qu'il y a consentement mutuel entre les personnes impliquées. Cette assertion doit être faite, parce que, quand nous regardons en arrière sur les générations passées, à travers le monde, et lorsque nous n'enseignons rien à nos enfants sur la sexualité, nous construisons une communauté qui a honte des parties de son corps et nous faisons collectivement l'expérience de vies d'inhibitions et de tabous.

Dans les sociétés où la sexualité est ouverte, les crimes de passion, le viol et la prostitution sont presque inexistants. Différentes positions, le sexe inhabituel ou coquin, le sexe consentant n'est pas un mal. Dieu ne porte pas de jugement sur l'homosexualité. Les gens décident pour eux-mêmes de la façon dont leur évolution physique, spirituelle, mentale et émotionnelle se développe. Lorsque vous vous placez au premier plan, il s'agit là de la connaissance de soi, avec amour. Ce n'est pas de l'égoïsme.

Nous sommes des êtres composés de trois parties: corps, mental et esprit. Aller vers des états de conscience élevés peut apporter l'équilibre dans notre vie. Et si de nombreux professeurs spirituels prônent l'abstinence sexuelle complète, c'est parce qu'ils ne croient pas qu'ils peuvent trouver l'équilibre. L'éveil (ou l'illumination) et le développement vous permettent de ne pas avoir de comportement compulsif au sujet du sexe ou de toute autre chose dans la vie.

Quand quelqu'un d'autre dicte ce qui est approprié pour la société, c'est très restreignant pour le comportement humain. Les convenances ne sont pas liées au « bien » ou au « mal », vos priorités sont votre choix.

> Quant à la bienséance, ce seul mot et le concept comportemental qu'il dissimule ont davantage inhibé les plus grandes joies des hommes et des femmes que toute autre construction humaine, à l'exception de l'idée que Dieu punit, qui est le bouquet.
> ~ Neale Donald Walsch
> *Conversations avec Dieu, tome 2, p.133*

## 2 – Citations d'autres Maîtres Spirituels

« Dans la Conscience Cosmique, nous faisons l'expérience de miracles. Dans la Conscience Divine, nous créons des miracles. Dans la conscience unifiée, il n'y a plus besoin de miracles, car tout est perçu comme miraculeux ».

~ Deepak Chopra, MD
*Méditation des Sons Primordiaux*

## 3 – Principes & Objectifs

### Principes

I. Nous sommes des êtres vivants comprenant trois parties : le Corps, le Mental et l'Esprit.

II. Adi Shankara, un professeur influent et un leader dans la philosophie du yoga et du Veda au neuvième siècle, a décrit ces trois parties comme étant les Couches de la Vie:

1 – Le corps: la partie physique de notre corps, notre énergie et notre environnement.
2 – La partie subtile: le mental, l'intellect et l'Ego.
3 – La partie spirituelle: l'âme, le domaine des Archétypes, et le domaine Universel.

III. Nous limitons nos expériences à trois niveaux de conscience: dormir, rêver et vivre. Deepak Chopra décrit des niveaux de conscience plus élevés:
1. Le niveau de la conscience pure: le silence entre les pensées que l'on trouve pendant la pratique de la méditation.
2. Le niveau de « Témoin »: nous nous observons nous-mêmes dans différentes situations de la vie du point de vue de l'esprit et qui fait partie de « qui nous sommes vraiment ».
3. Le niveau Divin: nous sommes tous interconnectés avec toutes choses de la création.
4. Le niveau Unifié: l'expression complète du yoga, l'unification de l'individualité avec l'universalité.

### Objectifs d'étude :

A) Grâce à la méditation, vous trouverez l'équilibre.
B) Apaiser votre commotion intérieure et vos actions vous permettra d'accéder à plus de puissance créatrice.
C) Votre but de trouver la paix la santé et l'amour sera satisfait.

## 4 – Exercices

---

***Conversations avec Dieu tome 2*, Chapitre 8 – Affirmation**

**« J'approcherai ma vie d'une manière intelligente et réfléchie en prenant l'engagement de pratiquer la méditation comme étant un moyen de m'améliorer dans les domaines physique, mental, émotionnel et spirituel ».**

---

1. Évaluez la façon dont vos journées sont organisées. Voyez comment vous pourriez y trouver plus d'équilibre.

   a) Essayez d'incorporer une méditation régulière dans la pratique de vos activités quotidiennes.
   b) Il est recommandé, pour un maximum de bénéfices, que vous méditiez 30 minutes deux fois par jour.
   c) Allez-y, continuez! Essayez une variété de méditations.

2. Différentes personnes bénéficient de différents types de méditation et de techniques de relaxation. Il est important que vos outils intérieurs de calme vous soient confortables. Voici quelques exemples de techniques de méditation:

   - La méditation chantée
   - La méditation de la guérison, de l'énergie, etc…
   - La méditation de la respiration
   - La méditation de la prière: lire une prière ou réfléchir sur l'un de ses mots.
   - La méditation en musique
   - Enregistrez votre propre voix en lisant votre méditation préférée et écoutez ensuite votre propre voix pour une guérison ou un apaisement de vous-même.

3. Établir une bonne base de technique de méditation vous permettra d'aller au-delà du mental et de re-connecter avec votre esprit. Et c'est ce même esprit qui flotte avec tout dans la création. Vous pourriez aller sur Internet et vérifier ces deux techniques puissantes de méditation:

   La méditation transcendantale: www.tm.org
   La méditation des Sons Primordiaux: www.chopra.com

4. La méditation, c'est comme rentrer à la maison, chez Qui Nous Sommes Vraiment. Il n'y a rien d'inquiétant à ce sujet, bien que cela pourrait vous sembler nouveau et inhabituel. Lorsque nous méditons, nous pouvons développer un endroit sécurisant et magnifique.

Le procédé est multiple. Il nous permet de :
   – Laisser fondre le stress
   – Ralentir notre rythme cardiaque

---

– Voyager et évoluer avec la vie plus facilement

– S'épanouir dans un rituel, qui finalement apprend à se calmer à tout moment.

Nous sommes sur un chemin spirituel dans un corps physique pour re-découvrir Qui Nous Sommes Vraiment. « Re-découvrir » parce que nous le savons déjà, mais nous l'avons oublié à cause de nos expériences terrestres si nombreuses. Intriguant. Gardez l'esprit ouvert et beaucoup d'autres techniques de méditation émergeront dans votre vie parce que vous êtes ouvert, en pleine expansion et en évolution.

### DEFINITIONS CLES du Chapitre 8 :

**Convenances**: la conformité a des normes en matière de comportement ou de mœurs.

**Védas**: (Sanskrit pour «connaissance».) Les Védas sont de larges corpus de textes en provenance de l'Inde ancienne. Ils forment la couche la plus ancienne de la littérature en Sanskrit et le plus ancien des textes sacrés de l'Hindouisme.

**Domaine Universel**: potentialité pure, possibilités infinies.

### 5 – Résumé de cette leçon de chapitre :

- Lors de votre pratique de méditation, qu'avez-vous appris sur vous-même en restant calme et en silence?
- Avez-vous eu beaucoup de pensées?
- Vous êtes-vous endormi?
- Avez-vous ressenti du pur bonheur?
- Quoi qu'il se soit passé, cela était parfait, car c'est ce qui était censé se produire. Ne vous inquiétez pas, continuez votre pratique, vous en obtiendrez des bénéfices. Plus de bénéfices se présenteront en pratiquant.

***Chapitre 9***

**L'EDUCATION**

**« La sagesse est la connaissance appliquée »**

**Résumé du Chapitre 9**

L'éducation concerne la sagesse. Il ne s'agit pas *simplement de faits, de connaissances, ni de réapprendre les mêmes choses en générations successives.* La sagesse est la sublimation du bon sens, de la clairvoyance, du discernement, de la perspicacité, de la philosophie appliqués et éprouvés par nous-mêmes. La différence avec la nouvelle spiritualité, confirme que la sagesse est l'aboutissement de la science et des connaissances.

Nous enseignons à nos enfants les mathématiques, la géographie, l'histoire, les langues, la physique et souvent nous ne leur apprenons même pas à penser. Comment peuvent-ils découvrir leurs propres vérités ? Les parents, les enseignants et de nombreux adultes se sentent menacés par le concept de la sagesse, comparé au savoir, car la crainte est, qu'avec ce genre d'éducation, les enfants pourraient renoncer à la façon de vivre de leurs parents, ou du moins la reformuler et ne pas faire exactement comme leurs aïeux. Dans beaucoup de sociétés actuelles, nous n'avons pas enseigné à nos enfants qu'ils sont des êtres spirituels dans un corps physique *ayant leurs propres expériences et que leurs expériences sont irréfutables.*

Est-ce que cette absence d'enseignement altère l'espèce humaine ?

L'histoire, enseignée aux enfants en tant que faits de la vie, n'est qu'une réplique des faits, et non pas un enseignement ou un modèle d'évolution et de réalité changeante. Les jeunes supplient leurs parents et leurs enseignants d'arrêter de faire ce que le monde collectif a fait et continue de faire pour répéter inlassablement les mêmes outrances.

Sommes-nous encore capables d'écouter, d'entendre et de comprendre ?

En cas de refus et s'ils ne sont pas écoutés, les jeunes vont ailleurs pour se sentir acceptés, pour se sentir entendus. En conséquence, les jeunes se joignent à des gangs pour être acceptés et entendus. Ils s'entretuent et se tuent eux-mêmes comme étant un mode de vie. Le suicide a augmenté à un taux désarçonnant. Les statistiques de suicide ne sont pas que des statistiques, elles ne sont pas que des nombres, mais la triste réalité d'enfants qui abandonnent la vie.

Dans une éducation plus évoluée, dans une société plus métamorphosée, avec des êtres plus transcendés, nous traitons nos jeunes en tant qu'esprits précieux dans un corps humain, *avec la même âme que les adultes.* Oui, des âmes égales ! Nous pouvons les amener à dévoiler cette vérité naturelle qui est la leur ; nous pouvons amener à extraire de l'intérieur vers l'extérieur leur «étincelle divine» grâce à de nouveaux outils d'éducation !

Un programme de spiritualité du 21e siècle, nouveau et libre, pourrait être construit autour de trois concepts fondamentaux :

- La Conscience

- L'honnêteté

- La responsabilité

Nous pouvons toujours apprendre à nos enfants nos données passées, tout en leur apprenant à analyser les faits sous une forme nouvelle. Nous pouvons poser des questions à nos jeunes et écouter leurs points de vue et leurs solutions, plutôt que de simplement réitérer l'histoire et les faits donnés en tant que «vérités ultimes » pour revivre encore et toujours les mêmes vieilles erreurs ... Les meilleurs élèves seront les premiers en classe mais ne seront pas armés pour affronter la civilisation agressive.

> « La plus grande part de la race humaine a décidé que la signification, le but et la fonction de l'éducation est de transmettre la connaissance; qu'éduquer quelqu'un, c'est lui donner de la connaissance; généralement, la connaissance accumulée de sa famille, de son clan, de sa tribu, de sa société, de son pays et de son monde. Mais l'éducation n'a pas grand-chose à voir avec la connaissance ».
>
> ~ Neale Donald Walsch
> *Conversations avec Dieu, tome 2, p. 153*

## 2 – Citations d'autres Maîtres Spirituels

> « J'ai toujours accordé la première place à la culture du cœur ou la construction de caractère, et comme j'ai toujours eu confiance que la formation morale pouvait être donnée à tous, quel que soit leur âge et leur éducation, je décidais de vivre parmi eux vingt-quatre heures sur vingt-quatre, en tant que leur père. Je considérais la construction de caractère comme étant la base adéquate de leur éducation et, si cette base était fermement établie, j'étais sûr que les enfants pourraient apprendre toutes les autres choses d'eux-mêmes ou grâce à l'aide d'amis ».
>
> ~ Gandhi

## 3 – Principes & Objectifs

### Principes

Enseignons à nos enfants des cours pratiques d'évolution personnelle tels que:

- Comprendre le Pouvoir
- La résolution pacifique des conflits
- Les éléments de relations basées sur l'amour
- L'individualité et la création personnelle
- Le Corps, l'âme et l'esprit: comment ils fonctionnent
- Engager la créativité
- La Célébration du Soi, Estimer les Autres
- L'expression sexuelle Joyeuse
- L'Équité
- La Tolérance
- Les Diversités et les Similitudes
- L'Economie d'éthique
- La Conscience Créative et le Pouvoir du mental
- La Conscience et l'Eveil
- L'Honnêteté et la Responsabilité
- La Visibilité et la Transparence
- La Science et la Spiritualité

(«Conversations with God Foundation » apporte ces sujets dans le monde par l'intermédiaire de programmes, de services et d'outils interactifs tels que le présent guide).

### Objectifs d'étude :

A) Vous apprendrez à connaître les différents environnements qui abordent déjà ce type de programme.

B) Vous pourrez désormais envisager de traiter les enfants avec le respect et l'honneur de l'égalité des âmes qui leur sied.

## 4 – Exercices

---

### *Conversations avec Dieu tome 2*, Chapitre 9 – Affirmation

**« Mon désir est de faire partie de la croissance de la prochaine génération. Je ferai des choix conscients au sujet de l'éducation de mes enfants ».**

---

1. Dans votre carnet de notes, faites la liste des points forts et moins forts de vos enfants. Pensez à la possibilité de leur apporter un soutien dans chacun de ces domaines, en particulier dans les domaines où ils excellent. Jouez avec eux dans leurs passions, leurs amours. S'ils aiment ce qu'ils font, ils seront disposés à s'améliorer davantage. Les passions construisent des buts de vies fantastiques et créent une motivation d'apprendre pour la vie.

### Les enfants dans ma vie

| Noms | Points forts | Points moins forts |
|------|--------------|--------------------|
|  |  |  |
|  |  |  |
|  |  |  |

2. Prenez le temps de rechercher les meilleures options pour vos enfants. Envisagez les nièces, les neveux ou les enfants des amis, si vous n'avez pas d'enfants vous-même. Étudiez les chartes de modèles d'études de ce chapitre. Faites des recherches sur Internet en utilisant les informations fournies après les chartes. Ouvrez votre esprit à différents systèmes éducatifs, aux façons d'apprendre et aux différents moyens de toucher les enfants qui comptent dans votre vie. Vous influencez votre avenir par l'intermédiaire des enfants. Vous faites une différence importante si vous le choisissez.

3. Demandez à votre enfant:

   a) « Que penses-tu et ressens-tu? Quels sont tes points forts, ce que tu aimes et tes compétences »?
   b) « Quel rôle souhaites-tu jouer maintenant ou dans ton avenir »?
   c) « De qui as-tu besoin pour te soutenir dans cette vision de toi-même »?
   d) Datez et notez en détail les réponses de l'enfant.
   e) Continuez ce partage en accueillant les dessins ou les sketchs de votre enfant au sujet de ces questions très importantes.
   f) Recommencez ce processus à peu près tous les six mois. C'est une joie de voir l'évolution de ces idées! Et le fait même de demander ne signifie pas que vous devez obtenir les réponses. Cette activité est un voyage de découverte *pour vous et pour l'enfant.*

4. Maintenant examinez les modèles d'enseignement dans le monde et comment l'étude de votre nouvelle spiritualité crée un enseignement différent pour vous et pour votre famille. Notez très précisément dans votre carnet de notes ou sur les pages à la fin de ce guide, ce que vous ressentez et pensez après avoir lu les chartes qui suivent et l'éducation de demain.

# CHART 1

## CWGF/ Charte de Comparaison de Modèles d'Enseignement Alternatifs – voir l'approche de la nouvelle spiritualité aux côtés d'autres moyens d'enseignement

| | CWGF Modèle d'Enseignement de la Nouvelle Spiritualité | Montessori | Summerhill | Sudbury Valley modèles «démocratiques» | Waldorf | Ananda | Reggio Emilia | L'Ecole à la Maison |
|---|---|---|---|---|---|---|---|---|
| **MODELE** | CWGF Modèle d'Enseignement de la Nouvelle Spiritualité | Montessori | Summerhill | Sudbury Valley modèles «démocratiques» | Waldorf | Ananda | Reggio Emilia | L'Ecole à la Maison |
| **FONDE** | 1997(concept) 2000 1ère Ecole de la Nouvelle Spiritualité Ashland, Oregon USA | 1907 Italie | 1921 Angleterre | 1963 Boston, MA | 1919 Allemagne | 1917 Inde 1968 Californie | 1940s Italie | Il y a des milliers d'années; réapparition dans les années 1980s |
| **FONDE-MENTS PHILOSO-PHIQUES** | La philosophie de N.D. Walsch telle qu'elle est énoncée dans ses livres, *Conversations avec Dieu*, et les perspectives de transformation sur l'éducation. Reflétées dans le livre de Dr.William Spady *Beyond Counterfeit Reforms* | La recherche pédiatrique de Maria Montessori | La philosophie de A.S. Neill telle qu'énoncée dans son livre : *Summerhill: A Radical Approach to Child Rearing* | Hanna & Daniel Greenberg et Mimsy Sadofsky, inspirés et influencés par le livre de A.S. Neill, Summerhill et Greenberg , *Free at Last.* « Il faut un village pour élever un enfant ». ~ Proverbe africain | La Philosophy de l'anthropo-sophie de Rudolf Steiner (anthropo-sophie vou-lant dire humanité et Sophia voulant dire sagesse) | Basé sur les principes philosophi-ques de Para-mahansa Yogananda et de son disciple J. Donald Walters | A commencé après la Seconde Guerre mondiale, après la dévastation de la ville de Reggio Emilia, en Italie, 12% du budget de la ville fut destiné à la qualité de l'éducation des jeunes enfants jusqu'à l'âge de 6 ans. Pour les plus âgés, Reggio se développe dans le monde entier | La maison est le meilleur environnement pour apprendre. «La véritable étude est un processus de découverte... nous devons créer les types de conditions dans lesquelles les découvertes se font... le temps, la liberté, et pas de pression ». ~ John Holt |
| **MODELE** | CWGF Modèle d'Enseignement de la Nouvelle Spiritualité | Montessori | Summerhill | Sudbury Valley modèles «démocratiques» | Waldorf | Ananda | Reggio Emilia | L'Ecole à la Maison |

**This page intentionally blank**

# CHART 2

| MODELE | CWGF Modèle d'Enseignement de la Nouvelle Spiritualité | Montessori | Summerhill | Sudbury Valley modèles « démocratiques » | Waldorf | Ananda | Reggio Emilia | L'Ecole à la Maison |
|---|---|---|---|---|---|---|---|---|
| PHILO-SOPHIE EN BREF | L'objectif est de responsabiliser tout le monde (étudiants et personnel) pour découvrir qui ils sont vraiment en tant qu'êtres spirituels, de développer et d'exprimer leur potentiel complet dans les rôles de la vie réelle.<br><br>« Apprendre, c'est quand le cœur, l'esprit et l'âme se réunissent et conviennent de ce qui est ». ~ N.D. Walsch | « Nous sommes ici pour offrir à cette vie, les moyens nécessaires pour le développe-ment, et ceci étant fait, nous devons attendre cette évolution avec respect. ~ Devise de M. Montessori., MD: « Aide-moi à le faire moi-même ». | « L'éducation doit être une préparation à la vie ». ~ A.S. Neill. « Tous les besoins de l'enfant sont les trois R, le reste devrait être des outils, de l'argile, des sports du théâtre, de la peinture et de la liberté ». ~ A.S. Neill. Summerhill est un pensionnat en Angleterre, dans lequel tous les cours sont facultatifs | « Au centre de l'école est l'idée que les enfants apprennent le discernement en se débrouillant face aux problèmes du monde réel ...la seule façon dont les enfants peuvent devenir des citoyens responsables, est d'ETRE responsables de leur propre bien-être, de leur propre éducation, et de leur propre destin ». ~ Enfin Libres | « L'anthropo-sophie veut non seulement communiquer des connaissan-ces, elle vise également à éveiller la vie ». ~ R. Steiner. Devise : Protection de l'enfance par la création d'un environne-ment scolaire sûr, où l'imagination, le jeu (le travail de l'enfant) et la socialisation sont nourris. | « Un enfant qui grandit a besoin d'apprendre à vivre dans ce monde et non pas seulement de savoir comment trouver un emploi. Il ou elle a besoin de savoir comment vivre avec sagesse, heureux(se) et avec succès selon ses besoins intérieurs profonds ». ~ J.D. Walters | L'étude se produit dans un contexte d'apprentissage par l'écoute, la valorisation, le développement, la démonstration et apprendre avec les enfants. L'environnement physique est intéressant, esthétiquement agréable, ouvert à la communauté, et interactif. | Apprendre est organique, provenant de la vie et des intérêts personnels. Les parents enseignent à leurs enfants à la maison pour diverses raisons y compris les préférences religieuses, les écoles publiques qui laissent à désirer, ou pour s'adapter au style de l'enfant ou encore pour une approche philosophique différente des écoles locales. |
| MODELE | CWGF Modèle d'Enseignement de la Nouvelle Spiritualité | Montessori | Summerhill | Sudbury Valley modèles « démocratiques » | Waldorf | Ananda | Reggio Emilia | L'Ecole à la Maison |

**This page intentionally blank**

# CHART 3

| MODELE | CWGF Modèle d'Enseignement de la Nouvelle Spiritualité | Montessori | Summerhill | Sudbury Valley modèles « démocratiques » | Waldorf | Ananda | Reggio Emilia | L'Ecole à la Maison |
|---|---|---|---|---|---|---|---|---|
| ENTRER DAVANTAGE DANS LA PHILOSOPHIE | Prise de Conscience, Honnêteté, Responsabilité. Amener Dieu dans la conversation des études et cela de nouvelles façons. Les intentions sont de créer une communauté d'étude qui est consciente, créative, coopérative, compétente et qui montre de la compassion. Essence: puiser de l'intérieur d'un enfant plutôt que de forcer l'information sur les jeunes. SNS soutient un mouvement de droits civils de l'AME de l'enfant. Toutes les âmes sont égales. ... Honorer et faire progresser la capacité de chacun pour l'auto-direction, l'auto-évaluation, l'auto-renouvellement de la vie. Développer chez les élèves les capacités intellectuelles, intuitives, interpersonnelles, émotionnelles et de performances. | L'enfant a un esprit absorbant prêt à imbiber les connaissances et les expériences. Les expériences d'études sont organisées en mode séquentiel: continuer à fournir des tâches intellectuelles toujours plus difficiles et l'enfant sera éduqué. Le professeur est un organisateur éminent et observateur qui respecte les styles personnels des élèves. | Le bien-être de l'enfant est plus important que le développement académique. Les enseignants sont des facilitateurs. Les expériences d'études ne sont pas classées; l'enfant choisit l'ordre des expériences d'études selon son intérêt et sa curiosité. « ...toute contrainte extérieure est fausse. ... la contrainte intérieure est la seule valeur ». ~ A.S. Neill | L'enfant est en fin de compte responsable de sa propre éducation. Les enseignants sont des facilitateurs. Le personnel (en étant attentif, attentionné et non coercitif) donne aux enfants le courage et l'élan d'être à l'écoute de leur propre moi intérieur. Les expériences d'études ne sont pas classées; l'enfant choisit l'ordre des expériences comme à Summerhill | L'accent est porté sur le renforcement de la pensée créatrice de l'enfant. son imagination, le monde de l'imagination débridée. Pas de poussée vers l'intellectualisme. Il se déroule lentement, au fur et à mesure que l'enfant passe d'un stade de développement à l'autre. Cherche à transformer l'humanité et le monde par la sagesse inhérente | « ... Vise à fournir une orientation réelle pour un changement constructif dans les écoles, la maison, la société ». ~ Education pour la fondation de la vie. « ... Une belle alternative pour les parents qui sont à la recherche non seulement du développement intellectuel, mais aussi du développement des qualités de cœur » | Une confiance simultanée chez les enfants, les parents et les enseignants pour contribuer de manière significative aux choix des expériences scolaires. Concentration sur le langage symbolique des enfants (y compris l'art dramatique et l'écriture) dans le cadre d'un programme basé sur les projets et sur une documentation visuelle de développement | Le parent est le responsable ultime de l'éducation de l'enfant |
| MODELE | CWGF Modèle d'Enseignement de la Nouvelle Spiritualité | Montessori | Summerhill | Sudbury Valley modèles « démocratiques » | Waldorf | Ananda | Reggio Emilia | L'Ecole à la Maison |

**This page intentionally blank**

CHART 4

| MODELE | CWGF Modèle d'Enseignement de la Nouvelle Spiritualité | Montessori | Summerhill | Sudbury Valley modèles « démocratiques » | Waldorf | Ananda | Reggio Emilia | L'Ecole à la Maison |
|---|---|---|---|---|---|---|---|---|
| PROGRAMMES | L'environnement est centré sur l'étude et souvent en collaboration. Les étudiants explorent leurs intérêts individuels et apprennent des thèmes universels, des concepts et des compétences de vie (y compris la technologie, les arts, et les trois R ») dans le cadre de leurs propres passions. Les étudiants identifient, explorent et développent leur combinaison unique de talents et d'intérêts pour pleinement exprimer ces dons dans leur vie. Les véhicules de programmes incluent le rêve et les fichiers d'intérêt, des plans de projet, des contrats étudiants-enseignants avec des délais et des objectifs | Jusqu'à l'âge de 4 ans: développement du langage des expériences sensorielles, coordination et mouvement, le temps et l'espace, l'enchaînement, la vérité et la réalité. 4-6 ans : poursuite et amélioration de ce qui précède, écrire, sens tactile, lecture. 6 ans et plus: les matières traditionnelles en structure de classe d'expérience, avec en plus: la musique, l'art. la cuisine, et les langues étrangères. Les matières académiques traditionnelles en format de classe ouverte | Les cours sont facultatifs, mais ils sont offerts en anglais et dans d'autres langues, mathématiques, science, géographie, art, poterie, sport, travail du bois, théâtre. Processus démocratique appris par le biais de son implication quotidienne | Pas d'offres standard; l'étudiant demande des cours (privés ou en groupe) sur des compétences spécifiques. L'étudiant découvre sa propre voie et la défend en réunions d'école. TV, jeux vidéo, salle de musique illimités et sur la base de l'inscription; la TV utilisée pour des événements spécifiques du monde réel. Certification pour l'utilisation d'équipements tels que les ordinateurs et chambre noire. Processus démocratique appris par le biais de son implication quotidienne | Prédéterminer tous les programmes ; l'éducation est considérée comme une spirale ascendante. Tous les étudiants participent à toutes les matières de base, indépendamment de leurs aptitudes. La journée commence par une longue leçon ininterrompue sur un sujet et une concentration suivis par la récitation, le mouvement, la concentration et le compte rendu. L'après-midi se déroule en eurhythmie (mouvement artistique guidé en musique et en parole, artisanat, art ou gym) | Jardin d'enfant: l'art. l'auto compréhension, l'équilibre du corps, de l'esprit et du cœur; harmonie avec les autres et la nature : esprit large, le développement d'attitudes positives et de l'intuition. Au lycée : formation du caractère; compétences traditionnelles académiques enseignées dans une perspective de croissance personnelle. développement spirituel, yoga, méditation et service aux autres; Italien, les arts. l'aventure; la technologie intégrée sur la valeur personnelle et la confiance en soi. | Jusqu'à l'âge de 6 ans: pareil que Montessori. A l'âge de 6 ans et plus: les matières traditionnel les en structure de classe d'expérien ce, avec en plus: la musique, l'art et les langues étrangères. La technologie est étudiée et ensuite intégrée dans des activités le cas échéant | Fréquemment se fait l'écho des écoles publiques utilisant des programmes et des manuels scolaires. Utilisation fréquente de l'informatique et/ ou de cahiers d'exercices. Les programmes peuvent se concentrer sur les enseignements et les textes religieux, les arts. ou sur des compétences et de l'artisanat à la maison comme la cuisine et la couture |
| MODELE | CWGF Modèle d'Enseignement de la Nouvelle Spiritualité | Montessori | Summerhill | Sudbury Valley modèles « démocratiques » | Waldorf | Ananda | Reggio Emilia | L'Ecole à la Maison |

**This page intentionally blank**

# CHART 5

| MODELE | CWGF Modèle d'Enseignement de la Nouvelle Spiritualité | Montessori | Summerhill | Sudbury Valley modèles « démocratiques » | Waldorf | Ananda | Reggio Emilia | L'Ecole à la Maison |
|---|---|---|---|---|---|---|---|---|
| METHODES | • L'enseignant guide le travail avec les élèves et les parents pour développer des plans individuels d'étude, fixer et évaluer les résultats • En tant qu'étudiants leaders, les adultes facilitent l'acquisition des connaissances en fournissant des ressources et des matériaux • L'environnement d'étude est intentionnellement mis en place pour encourager la connaissance de soi, la découverte de soi et la conscience intellectuelle • Les concepts et les compétences peuvent être appris par le biais de mini-leçons et des expériences structurées avec soin | • Le professeur est l'observateur détaché • Les cours sont mis en place avec des activités de la vie réelle des recherches de Montessori. Utilisation de matériel & outils certifiés de Montessori • Environnement manipulé pour l'exercice de l'intérêt libre de l'enfant• Etude au rythme du niveau de développement de l'enfant • Découverte et prise de conscience par le biais de l'exemple de comportement • Les enfants sont engagés dans les responsabilités de la vie ménagère de tous les jours | • Le personnel facilite les cours et l'étude • Les étudiants sont les initiateurs de leur propre environne-ment et de leurs activités d'études. Il leur est possible de demander (ou d'assister) à des cours spécifiques (privés ou en groupe) sur des thèmes sélectionnés par les étudiants | • Le personnel facilite les cours et l'étude • Le jeu est considéré comme une expérience active d'étude; les jeux sont nombreux et spontanés • la communication orale est le centre de l'environnement d'étude • Sur demande, les experts de la communauté partagent leurs connaissances • Le temps pour la concentration intérieure de l'étudiant est protégé; une salle silencieuse (avec inscription pour les créneaux horaires désirés) est respecté | •L'environne-ment est organisé de manière à ce que l'enfant ait un sens sous-jacent de l'ordre qui l'aide à se sentir en sécurité | • Approche individualisée • Expression créative par l'art • Garçons et filles assistent à des cours séparés | • Façon d'aborder les études par le projet; les projets (élaborés à partir des intérêts communs de l'élève et de l'enseignant) comprennent des problèmes à résoudre sur la base réelle de la vie, de la pensée créatrice, et de l'exploration • Le jeu spontané est soutenu et utilisé comme base des leçons qui émergent | • Les parents font souvent équipe pour enseigner ou construire des activités de concert avec d'autres étudiants à domicile • Les excursions fournissent souvent une base ou un suivi des études • Suivre les professionnels sur les lieux de travail et d'autres formes d'apprentissage basées sur l'expérience |
| MODELE | CWGF Modèle d'Enseignement de la Nouvelle Spiritualité | Montessori | Summerhill | Sudbury Valley modèles « démocratiques » | Waldorf | Ananda | Reggio Emilia | L'Ecole à la Maison |

**This page intentionally blank**

# CHART 6

| MODELE | CWGF Modèle d'Enseignement de la Nouvelle Spiritualité | Montessori | Summerhill | Sudbury Valley modèles « démocratiques » | Waldorf | Ananda | Reggio Emilia | L'Ecole à la Maison |
|---|---|---|---|---|---|---|---|---|
| EVALUATION | L'évaluation est intégrée dans les produits finis, les projets et les performances. Des conférences régulières entre parents, étudiants et enseignants sont prévues. Les étudiants partagent leurs dossiers sur les projets à long terme. Les adultes se concentrent sur l'étude de l'enfant afin de fournir orientation et structure. Les objectifs et le développement suivants sont basés sur les études précédentes. Des tests standardisés sont utilisés lorsque cela est nécessaire pour atteindre les objectifs | Les niveaux d'études de classe sont évalués par le professeur avant que les étudiants puissent passer au niveau suivant de développement pour parvenir à la maîtrise de la lecture, de l'écriture et autres compétences | Ecole Anglaise standard laissant les examens en option, pas obligatoires. Les étudiants qui souhaitent aller au collège peuvent, d'un commun accord avec l'enseignant, choisir le niveau « A » (avancé) par comparaison au niveau « O » (ordinaire) « Les tests se font pour le plaisir, pour promouvoir la pensée et le non-sérieux ». ~ A.S. Neill | Pas de niveaux de cours. Les élèves peuvent opter pour des tests à tout moment pour leur découverte personnelle (en option) Une demande de certificat de l'école est soutenue par les étudiants et votée pour approbation en réunion d'école. L'étudiant peut choisir le test d'aptitude scolaire d'un livre ou de l'enseignant et passer un test pour entrer au collège. Certains élèves entrent au collège par une entrevue d'entrée au lieu de passer le test d'aptitude scolaire | Les études et les tests traditionnels avec des expériences d'immersion dans la vie | Une variété de tests standards et d'autres générés par l'école. Les tests normalisés standard peuvent être utilisés | L'accent est porté sur la documentation intrinsèque et visuelle du développement de l'enfant. Évaluation basée sur le niveau de développement. et non pas de l'âge, et comprend des rapports narratifs, des notes anecdotiques, des photos et autres preuves du développement de l'enfant. Les camets de notes des enseignants servent de guides pour la planification des leçons futures | Les performances de vie servent de « tests ». Les tests standardisés peuvent être requis par les districts scolaires locaux. Les parents peuvent effectuer leurs propres tests de chapitres traditionnels. Les diplômes peuvent être mis à la disposition des étudiants à domicile connectés à un réseau d'écoles privées |
| MODELE | CWGF Modèle d'Enseignement de la Nouvelle Spiritualité | Montessori | Summerhill | Sudbury Valley modèles « démocratiques » | Waldorf | Ananda | Reggio Emilia | L'Ecole à la Maison |

**This page intentionally blank**

CHART 7

| MODELE | CWGF Modèle d'Enseignement de la Nouvelle Spiritualité | Montessori | Summerhill | Sudbury Valley modèles « démocratiques » | Waldorf | Ananda | Reggio Emilia | L'Ecole à la Maison |
|---|---|---|---|---|---|---|---|---|
| GOUVERNANCE | Qu'est-ce qui fonctionne? Qu'est-ce qui ne fonctionne pas? Questions de découvertes pour permettre aux jeunes de trouver leurs propres réponses. Concepts de vie holistiques de base: Fonctionnalité, capacité d'adaptation, développement durable; Les valeurs sont mises en évidence par rapport aux règles. Réunions de classes journalières créées ensemble ; culture de l'écoute, de faire apparaître de l'intérieur de soi, de l'attention et du respect, enracinés dans le sens et la discussion autour de Dieu. Enseignants-guides aident les élèves à bâtir les règles nécessaires pour assurer un environnement sûr, propice à l'étude. Des cercles de groupe de consentement remplacent le vote en tant qu'outil de prise de décision | Les écoles appartiennent de façon indépendante à leurs propriétaires avec le choix d'affiliation à Montessori États-Unis ou International moyennant une redevance annuelle, le recrutement de professeurs certifiés qui participent à une année complète de formation à une école de formation Montessori accréditée et l'utilisation de l'équipement et du matériel Montessori | Démocratique à l'égard de tous les résidents considérés en tant que membres de la communauté sur le même pied d'égalité. École gérée par les étudiants + le personnel (un vote / élève; 1 vote / employé); toutes les règles régies via des réunions ou des tribunaux scolaires. On vote des dirigeants pour les responsabilités majeures | Démocratique: École gérée par les étudiants + le personnel (un vote / élève; 1 vote / employé); toutes les règles régies via des réunions. Les réunions décident sur chaque règle de l'école, qui est suspendu ou expulsé pour violation, comment l'argent est dépensé, etc | Les enseignants gèrent l'école au jour le jour, supervisés par un conseil d'enseignants et de parents qui prennent les décisions. Il y a un conseil d'administration local de superviseurs | Ananda, ancrée dans un siècle d'enseignement de Paramahansa Yogananda, a 2 principaux campus (la Californie et l'Italie). D'autres écoles du style Ananda sont régies localement et connectées de loin aux deux écoles principales. Les enseignants gèrent l'école le jour; la gérance locale varie | Un administrateur en chef qui relève directement du conseil municipal, avec des chefs d'équipes de programmes dont chacun coordonne les efforts des enseignants de cinq ou six centres. Pas de principal, pas de relation hiérarchique entre les enseignants | Les parents sont autonomes. Les parents qui se regroupent pour partager l'enseignement, adhèrent souvent à des groupes d'enseignement d'études à domicile |
| MODELE | CWGF Modèle d'Enseignement de la Nouvelle Spiritualité | Montessori | Summerhill | Sudbury Valley modèles « démocratiques » | Waldorf | Ananda | Reggio Emilia | L'Ecole à la Maison |

**This page intentionally blank**

CHART 8

| MODELE | CWGF Modèle d'Enseignement de la Nouvelle Spiritualité | Montessori | Summerhill | Sudbury Valley modèles « démocratiques » | Waldorf | Ananda | Reggio Emilia | L'Ecole à la Maison |
|---|---|---|---|---|---|---|---|---|
| **ENSEIGNANTS** | **Les enseignants sont considérés comme les leaders des étudiants, des professeurs-guides et co-créateurs des cercles de communauté d'études. Ils découvrent avec et guident les jeunes gens, plutôt que « d'enseigner » en fonction de ce qu'ils connaissent déjà, et ils fournissent un modèle continu et conséquent d'études pour la vie; « guider, apprendre » devient l'exemple en tant que processus d'enseignement** | Diplômés de Montessori par un programme de formation d'un an. Tous les enseignants ne sont pas tenus d'être diplômés de Montessori; les assistants peuvent être formés sur place sans accréditation de Montessori | Summerhill vise les enseignants qui savent sentir, aimer, permettre la liberté et qui incarnent l'intégration de la tête et du cœur | Les nouveaux enseignants sont à l'essai pendant un certain temps et sont, soit engagés ou licenciés, par vote des élèves et du personnel | Les enseignants sont certifiés par Waldorf. Un lien très fort entre enseignant-parent-enfant est développé pendant que le professeur reste avec le même groupe d'élèves tout au long de l'école primaire | Les enseignants sont spécialisés dans les cours proposés | L'enseignant est en co-apprentissage avec les enfants, un chercheur, une ressource et un guide. Peu de formation préalable est nécessaire. L'enseignant est relativement autonome et il est attendu de lui qu'il continue à se développer en tant qu'observateur qualifié des enfants | Pas de diplôme requis. Les parents et d'autres membres de la famille enseignent aux enfants. Des experts et des mentors dans des domaines spécifiques de l'étude sont souvent recherchés. Un lien très fort parent-enfant est souvent développé |
| **MOTS-CLES et / ou OBJECTIFS** | Principes:<br>• prise de conscience<br>• honnêteté<br>• responsabilité<br>• reconnaissance<br>• centré sur âme/coeur<br>• L'étudiant guide l'enseignant<br>• Enseignants Guides / guide l'étudiant<br>• Apprendre à vivre avec Dieu=Vie | • la main à la pâte/ Actif<br>• environnement propice à l'étude<br>• matières et activités de la vie réelle<br>• interaction<br>• respect des styles d'études variés | Objectifs:<br>• de permettre aux enfants la liberté de grandir émotionnellement<br>• de donner aux enfants le pouvoir sur leur vie<br>• de donner aux enfants le temps de se développer naturellement<br>• de créer une enfance heureuse, en supprimant la peur de coercition par les adultes | • individualité<br>• valeurs<br>• problèmes du monde réel | • l'intelligence (le professeur enseigne les programmes spécifiques de l'école Waldorf : la connaissance est donnée à l'étudiant<br>• le coeur (en tant qu'aspect émotionnel et artistique sur un sujet)<br>• les mains (en tant qu'application pratique)<br>• le renouveau social | Les vérités universelles:<br>• honnêteté<br>• gentillesse<br>• courage<br>• patience<br>• succès<br>• volonté | • environnement<br>• capacité<br>• sécurité<br>• estime de soi<br>• connaissance<br>• développement (réel et potentiel)<br>• responsabilité | • liberté<br>• choix des parents concernant les études |

**This page intentionally blank**

CHART 9 PAGE 1

**Resources avec advantage d'informations sur les Modèles d'Etudes Alternatives:**

**New Spirituality - Modèle HeartLight :**  www.ConversationsWithGodFoundation.com
Linda Lee Ratto, Ed.M., Co-Fondatrice de HeartLight  www.LindaLeeRatto.com

**Livres sur les nouveaux modèles d'études:**
*Le Manuel de School of the New Spirituality* (Le téléchargement de « CWGF STEPS » inclut le manuel de 400 pages.)
*Conversation avec Dieu, Tome Deux* de Neale Donald Walsch
*Conversation avec Dieu, Tome Deux Livre-Guide, par Anne-Marie Barbier* ; pour les ateliers, envoyer directement un e-mail à blissofspirit9@cs.com
*Le Dieu de Demain* par Neale Donald Walsch
*Tomorrow's God* – Livre-Guide par Christina Semple ; pour les ateliers, envoyer directement un e-mail à guidebooks@cwg.org
*L'Amitié avec Dieu* de Neale Donald Walsch
*Friendship with God* – Un livre-Guide par Donna Corso ; pour les ateliers, envoyer directement un e-mail à guidebooks@cwg.org
*Beyond Counterfeit Reforms and Total Leaders* par William G. Spady, Ph.D.

**Modèle Montessori:**
www.montessori-ami.org
www.montessori.org/
www.montessori.org/Resources/LibraryMenu.htm
*Tomorrow's Child Magazine*
*Méthode Maria Montessori* par Maria Montessori

**Modèle Summerhill:**
www.summerhillschool.co.uk/
*Summerhill : A Radical Approach to Child-Rearing* par A.S. Neill

**Modèle Sudbury Valley School « Democratic »:**
www.sudval.org/
cedarwoodsudbury.org/reading.htm
www.cedarwoodsudbury.org/texts/okayso.htm

**This page intentionally blank**

# CHART 9 PAGE 2

**Modèle Waldorf :**
www.awsna.org
www.steinerwaldorf.org.uk
www.awsna.org/education-class.html
www.skylarkbooks.co.uk/
*Discussions with Teachers* par Rudolph Steiner

**Modèle Ananda :**
www.ananda.org/ananda/village/
efl.org
*Education for Life: Preparing Children to Meet the Challenges* by J. Donald Walters

**Modèle Reggio Emilia :**
www.ericfacility.net/databases/ERIC_Digests/ed354988.html
http://ericeece.org/reggio/reschool.html
http://smartstartecec.com
*Reflections on the Reggio Emilia Approach*, edité par Lilian G. Katz and Bernard Cesarone
*Making Learning Visible: Children as Individual and Group Learners* par Project Zero and Reggio Children, USA

**Modèle L'Ecole à la Maison :**
www.learninfreedom.org
www.awsna.org/education-class.html
www.hslda.org
NHERI.org
www.clonlara.org

**Davantage de livres sur l'Education Alternative :**
CWGF *Conversations avec Dieu Livres-Guides*, Séri de 11 livres « compagnons » des livres de Neale Donald Walsch, *Conversations avec Dieu*
www.cwg.org  click media store
www.parentbooks.ca/alternatives_education.html
www.LindaLeeRatto.com

**This page intentionally blank**

## DEFINITIONS CLES du Chapitre 9 :

**Education (une nouvelle définition):** « faire surgir de l'intérieur » et non pas forcer l'enseignement aux étudiants; enseigner et apprendre des compétences spécifiques, mais aussi quelque chose de moins tangible et de plus profond : la sagesse universelle. Le modèle de communautés d'études de la nouvelle spiritualité est de « faire apparaître », facilitant la réalisation du propre potentiel et des talents inhérents à la personne, enfant ou adulte. L'éducation au 21e siècle est pour tous, car nous sommes tous des âmes égales les unes par rapport aux autres.

**Programme**: Ensemble de cours et leur contenu habituellement offerts dans une école ou une université. En Anglais, « programme » se dit « curriculum. » Pour donner une idée plus précise, le mot « curriculum » vient du mot latin qui signifie « chemin de vie », se référant ainsi aux actes et aux expériences à travers lesquels les enfants se développent et deviennent des adultes matures, le pré-apprentissage d'une carrière. Dans les modèles d'études de la nouvelle spiritualité, la carrière est basée sur les passions innées de l'enfant et de ses buts dans la vie.

## 5 – Résumé de la leçon de ce chapitre :

- Il est temps pour les adultes d'assumer la responsabilité « d'être à l'écoute ». Ecouter et soutenir les jeunes à développer ensemble des moyens d'apprendre qui donnent plus de sens à leurs vies.

- Examinez les systèmes d'éducation au sein de votre communauté. Pourriez-vous aider à les changer et à les améliorer avec les enfants de votre monde?

- Qu'avez-vous appris au sujet de votre recherche sur l'éducation? Avez-vous été surpris de ce que vous avez appris? Comment? Pourquoi?

- Visionnez un cadre d'études de rêve avec les enfants qui sont dans votre vie. C'est peut-être maintenant une excellente occasion d'écouter et de réfléchir ensemble sur *apprendre ensemble* et voir ce que vous pouvez créer.

NOTE: pour des informations actuelles sur la vision de Neale, référez-vous aux informations de programmes de CWGF dans la section Contacts.

**This page intentionally blank**

## Chapitre 10

## LA POLITIQUE

### Résumé du Chapitre 10

La façon dont les gouvernements du monde entier gèrent leurs pays est fondée sur l'intérêt et la séparation. Des lois ont été adoptées pour assurer les besoins des gens, plutôt que de laisser les gens subvenir à leurs besoins. La croissance devient très difficile lorsque les gouvernements dictent constamment aux gens ce qu'ils doivent faire. Certaines lois sont limitatives car elles bénéficient le pouvoir personnel de l'homme par rapport aux intérêts des êtres humains. La solution serait d'avoir simplement quelques lois et de permettre l'auto-gouvernance.

Nous ne craignons pas le gaspillage dans tous les aspects de notre vie. Nous donnons aux gens d'énormes salaires dans l'industrie du divertissement tandis que des enfants meurent de faim. Ce chapitre invite le lecteur à examiner en profondeur que nous faisons tous partie de la même famille humaine. Comment pouvons-nous aider nos frères humains?

---

« La politique n'est pas entièrement mauvaise, mais l'art de la politique est un art *pratique*. Il reconnaît avec une grande candeur la psychologie de la plupart des gens. Il remarque tout simplement que la plupart des gens agissent selon leur intérêt personnel. La politique est la façon dont les gens de pouvoir cherchent à vous convaincre que *leur* intérêt personnel est *le vôtre* ».

~ Neale Donald Walsch
*Conversations avec Dieu, livre 2, p. 183*

« Dans votre société, si le fait de subvenir aux besoins du plus grand nombre ne produit pas un profit immense pour quelqu'un, le *bien du plus grand nombre est plus souvent qu'autrement ignoré* ».

~ Neale Donald Walsch
*Conversations avec Dieu, livre 2, p. 188*

---

## 2 – Citations d'autres Maîtres Spirituels

> *« L'illusion est que votre pays définit qui vous êtes. La réalité est que savoir qui vous êtes nécessite une recherche personnelle et la connaissance de soi ».*
>
> ~ Deepak Chopra, MD
> *Osons La Paix*

## 3 – Principes & Objectifs

### Principes

I. Comment peut on remplacer les intérêts personnels par des intérêts communs, et vivre sur le principe « Nous ne sommes qu'UN »?

II. Comment pouvons-nous aider à arrêter les atrocités du monde de se reproduire incessamment ?

III. Les problèmes de la famille humaine sont la responsabilité de chacun.

IV. Un gouvernement mondial pourrait être une solution globale.

V. Pour obtenir un « gouvernement global », nous devons puiser dans le domaine universel, notre UNité, notre conscience collective.

### Objectifs d'étude :

A) Vous apprendrez à connecter avec la force de vie universelle.

B) Vous tirerez parti du don de faire partie de la famille humaine et de l'esprit universel.

## 4 – Exercices

---

### Conversations avec Dieu tome 2, Chapitre 10- Affirmation

**« Mon intention est de réaliser que nous (les gens du monde), avons vécu nos vies à travers les lois humaines, et nous voulons maintenant vivre à travers les lois universelles ».**

---

1. Tirer partie de la force de vie universelle :

Les mots destructifs que nous employons, que ce soit à haute voix ou dans un dialogue intérieur de dysfonctionnement, ont un puissant impact global. Les pensées et les mots positifs et constructifs sont aussi puissants. Nous sommes ce que nous pensons et nous pouvons toujours faire des choix différents. Notre système de croyances créera qui nous sommes. Nos choix seront notre réalité.

Ecrivez toutes vos intentions de rêves positifs et pro-actifs que vous souhaitez voir se produire pour vous et pour notre monde. Lisez ces intentions tous les jours, quand vous

---

vous réveillez, avant votre pratique de méditation, avant de manger, avant de vous coucher. Cela reprogramme vos enregistrements destructeurs du passé.

- Envoyez l'intention: Je vois un monde meilleur, en paix.
- Envoyez l'intention: je vois les gens dans le besoin avoir une vie meilleure.
- Envoyez l'intention: Je suis une meilleure personne.
- Envoyez l'intention: Je pardonne tous les mots blessants ou les actes répréhensibles dès maintenant.
- Envoyez l'intention: J'ai une meilleure prise de conscience de moi-même et une meilleure connaissance de moi-même.
- Envoyez l'intention: Je suis reconnaissant pour tout ce que j'ai dans ma vie.
- Envoyez l'intention: Je me développe en tant qu'être spirituel.
- Envoyez l'intention: Je garde la paix intérieure pour tous ceux qui sont morts.
- Envoyez l'intention: Je reçois la richesse et l'abondance.
- Envoyez l'intention: Je suis en paix et je désire diffuser la sérénité.
- Envoyez l'intention: Je me sens en sécurité et protégé contre toutes les négativités destructrices de ce monde.
- J'ai et je détiens des pensées non-fonctionnelles (qui ne sont pas destinées à mon propre gain) et je choisis des pensées constructives, des paroles et des actions qui remplacent les anciennes.

2. Faire partie de la famille humaine :
Traitez les autres comme vous voulez être traité. Aider quelqu'un peut prendre de nombreuses formes.

Décidez de :
- Aider une personne âgée, un enfant ou une personne qui est malade.
- Aider quelqu'un et ne rien attendre en retour. Aidez simplement par intérêt pur et authentique.
- Souriez à un inconnu.
- Si une personne agit d'une manière blessante ou impolie, répondez avec gentillesse et amour.
- Envoyez à ceux que vous rencontrez l'intention de se sentir en paix.

## DEFINITIONS CLES du Chapitre 10 :

**Politique**: le processus par lequel des groupes de gens prennent des décisions sur qui obtient quoi. Le terme est généralement appliqué aux comportements au sein des gouvernements, mais la politique a été observée dans toutes les interactions de groupes humains, y compris les entreprises, les universités, les systèmes religieux et les communautés.

La politique consiste en des « rapports sociaux impliquant l'autorité ou le pouvoir» et se réfère à la réglementation d'une unité politique, et aux méthodes et tactiques utilisées pour formuler et appliquer des modes de conduite.

## 5 – Résumé de la leçon de ce chapitre :

- En envoyant des intentions constructives, authentiques et attentionnées, qu'avez-vous appris? Comment et pourquoi?

- Qu'avez-vous ressenti à travers l'expérience d'envoyer de la gentillesse à quelqu'un d'impoli? Quel type de réaction avez-vous reçu en retour? Avez-vous eu l'impression que le comportement de la personne avait changé? Comment? Notez vos observations maintenant et la prochaine fois que vous communiquez de nouveau.

## Chapitre 11

## LA PAIX

**Résumé du Chapitre 11**

> « N'aie besoin de rien. Désire tout. Choisis ce qui se présente. Sens tes sentiments. Verse tes larmes. Eclate de ton rire. Respecte ta vérité. Mais lorsque l'émotion s'est tue, sois calme et sache que Je suis Dieu ».
>
> ~ Neale Donald Walsch
> *Conversations avec Dieu, livre 2, p. 209*

La seule solution pour les problèmes de l'humanité est l'amour - il est en manque. Un gouvernement mondial, sans séparation au sein de la famille humaine, aiderait à nourrir, habiller et donner un toit à tout le monde. Cette solution ne serait pas de prendre quoi que ce soit à quiconque. Nous pourrions décider d'utiliser une partie de l'argent que nous dépensons pour les besoins militaires. Nous pourrions garder une partie du budget militaire à des fins internes, comme par exemple de renforcer la police locale et les groupes locaux de bien-être.

Pour annuler la peur de l'agression de la part de pays riches vers les nations qui voudraient ce que les nations riches possèdent, un vieux modèle de l'humanité, nous pourrions développer une nouvelle attitude à l'égard des uns des autres. Nous pourrions partager suffisamment de la richesse totale du monde avec tout le monde et créer un système pour la résolution de différends, ce qui éliminerait même la possibilité d'une guerre.

Il existe déjà une expérience de ce genre aux Etats-Unis d'Amérique. Nul ne saurait douter que le système doit être amélioré, mais la recette a fonctionné pendant plus de 200 ans. Les fondateurs américains utilisèrent une confédération d'États individuels gérant les affaires locales. Ces États individuels entrèrent en guerre les uns contre les autres, mais finalement les Etats décidèrent avec succès de s'unir en un seul groupe, chacun rendant compte à une autorité centrale. Ils augmentèrent tous leurs bénéfices et ont été en mesure d'aider les gens parce qu'ils n'ont pas eu à protéger les Etats individuels les uns des autres. Il s'agit là d'un exemple productif et fonctionnel d'une solution géopolitique vers l'UNité et la paix dans le monde.

Bien sûr, les humains ont des points de vue divergents et peuvent être en désaccord. Toutefois, s'il y a un changement global, loin de l'attachement aux choses extérieures, parce que tout le monde aurait ses besoins fondamentaux satisfaits – assez de nourriture, de vêtements et le logement – cette solution globale serait un changement spirituel, combinée avec la solution géopolitique.

Par exemple, des solutions géopolitiques ont été essayées à l'échelle mondiale avec la Ligue des Nations et, plus récemment, l'Organisation des Nations Unies. La première a échoué et la deuxième s'est embourbée dans des habitudes du passé venant des nations les plus fortes s'attachant au pouvoir sur les mentalités. Le changement spirituel a démarré en mettant un nouvel accent sur l'amélioration de la qualité de vie pour le bien de tous.

Changer le budget militaire du monde à des fins humanitaires, par exemple, résoudrait les problèmes, sans faire passer aucune des richesses de l'endroit où elles se trouvent maintenant. Certains diront que ces conglomérats internationaux et leurs employés, dont les bénéfices proviennent de la guerre, seraient « perdants » dans cette recherche pour une solution à notre conflit mondial de conscience. Mais si l'on doit compter sur un monde vivant d'âpres conflits pour survivre, nous pourrions collectivement choisir autrement et réévaluer nos priorités. Voulons-nous la guerre ou la paix? Voulons-nous vivre d'un monde extérieur (physique) de conscience, ou d'un monde intérieur (spirituel) de conscience?

> « L'amour engendre la tolérance, la tolérance engendre la paix. L'intolérance produit la guerre et considère de façon indifférente des conditions intolérables ».
>
> ~ Neale Donald Walsch
> *Conversation avec Dieu, livre 2, p. 195*

> « Comme le disait Winston Churchill, « la démocratie est le pire système », à l'exception de tous les autres ».
>
> ~ Neale Donald Walsch
> *Conversation avec Dieu, livre 2, p. 201*

## 2 – Citations d'autres Maîtres Spirituels

> « La paix est le seul moyen, il n'y a pas d'autre moyen ».
>
> ~ Gandhi
> *Dans « Osons La Paix »*
> Par Deepak Chopra, MD

> « Actuellement, il y a 21,3 millions de soldats en service dans les armées du monde entier. Ne pouvons-nous pas recruter une brigade de paix dix fois plus grande? Une centaine de fois plus grande? L'effort commence maintenant, avec vous ».
>
> ~ Deepak Chopra
> *Osons La Paix*

## 3 – Principes & Objectifs

### Principes

I. Aussi longtemps que les «pauvres» voient leur mécontentement lié à l'absence de biens matériels, ils voudront toujours ce que les «riches» ont. Il s'agit d'un piège mental basé sur un système de croyance.

II. Les guerres existent parce que quelqu'un désire quelque chose que l'autre possède et veut le prendre.

III. Une solution spirituelle est la réponse pour éviter la guerre, parce que finalement, tous les troubles géopolitiques et les problèmes personnels viennent d'une question spirituelle.

IV. L'amour et la paix intérieure sont la libération de la peur et de la colère.

V. La paix intérieure est trouvée lorsque nous réalisons que nous n'avons besoin de rien.

VI. Nous créons notre monde extérieur par notre dialogue intérieur.

VII. Il y a perfection dans tout, même à travers la tragédie. Nous choisissons, nous apprécions souvent de la comparaison de ce que nous ne voulons pas.

### Objectifs d'étude :

A) Vous apprendrez à gérer la peur et la colère par un nouveau dialogue intérieur.
B) Vous trouverez des solutions pour vous aider à devenir un faiseur de paix.

## 4 – Exercices

> ### *Conversations avec Dieu tome 2*, Chapitre 11 – Affirmation
>
> **« Même à travers la plus grande tragédie, je peux être un faiseur de paix. Je calmerai mon esprit et entrerai au plus profond de mon âme ».**

1. Déterminez si votre dialogue intérieur engendre ces types de réflexions :

   - J'ai peur de vieillir.
   - J'ai peur des gens.
   - Je ne peux me concentrer sur quoi que ce soit.
   - Je suis un échec.
   - Je m'inquiète tout le temps.
   - Je ne peux pas exprimer mes sentiments.
   - J'ai peur d'être seul.
   - J'ai mauvais caractère.
   - Tout ce que j'essaie ne marche pas.
   - J'ai peur de l'avion.
   - Tout le monde me critique.

Si ces pensées font partie de votre dialogue intérieur, vous déployez de la peur.
Prenez un moment pour écrire quelques unes de vos pensées intérieures destructrices et journalières.

Vous pouvez renverser le processus destructeur par des affirmations positives et constructives :

   - Plus je vieillis, plus fort et mieux je me sens.
   - Partout où je vais, je me sens protégé et en sécurité.
   - La clarté fait partie de ma vision intérieure.
   - Je suis un succès dans tous les aspects de ma vie.
   - Je me sens en paix et en harmonie.
   - Je peux exprimer mes sentiments parce que je sais que je serai entendu.
   - Je rayonne d'amour et l'amour vient à moi tout le temps.
   - Je fais l'expérience de la paix au fond de moi et dans ma vie.
   - Je trouve toujours la bonne décision à prendre.
   - Je me sens en sécurité et j'accepte ma vie comme étant parfaite.
   - Je me sens aimé et apprécié à tout moment.

2. La colère est une émotion très préjudiciable, surtout quand vous y êtes coincé. La colère peut vous éloigner du divin, de la conscience de Dieu. Lorsque vous êtes en colère, vous avez la motivation de blesser les autres, ce qui vous fait plus de mal à vous-même qu'à quiconque. Au lieu de vous aider à vous développer, s'accrocher à la colère, vous emmène dans la direction opposée, ce qui vous fait reculer, ne vous permettant pas de transformation spirituelle. Il est très important de laisser aller ce genre de commotion émotionnelle.

   Dès que vous sentez la colère vous envahir, essayez ces 4 étapes :

   a) **Identifiez :** L'émotion associée à la colère. Elle se présente généralement sous forme de sensation dans le corps.

   b) **Demandez :** Allez plus loin, quel type de sensation ressentez-vous? S'agit-il d'un pincement dans la gorge ou au niveau du plexus solaire ou encore dans le cœur?

c) **Prenez un moment pour ressentir :** Comment la sensation est-elle ressentie dans votre corps? Soyez pleinement conscient de chaque sensation. Rythme cardiaque, sensation de chaud ou de froid? Frissons?

d) **Laissez aller :** En permettant à votre attention de se concentrer sur le corps, vous libérez le processus de pensée, et donc vous commencez à laisser aller la sensation.

Sachez s'il vous plaît que la colère exprimée et vite éliminée est un comportement acceptable et fait partie de la nature humaine. Toutefois, la colère en tant qu'habitude et exprimée de façon intense peut souvent conduire à l'hostilité et à une détresse chronique. L'hostilité peut entraîner des problèmes de santé comme le cancer, les infections, ou l'accélération du processus de vieillissement.

3. Pour être un faiseur de paix, pensez à souvent créer la paix. *Faites de la paix une habitude.*
   - Lorsque vous voyez un conflit apparaître dans votre propre vie, dans votre famille ou avec vos amis, faites quelque chose de différent afin de créer un résultat différent.
   - Essayez de créer une idée qui apporterait la paix dans votre entourage.
   - Essayez de vous connecter avec une autre personne – rire ensemble ou s'amuser. Choisissez un moyen autre que la colère.
   - Essayez d'abord de voir l'autre avec compassion.
   - Montrez le respect en essayant de comprendre.
   - Abstenez-vous de vous plaindre ou de critiquer.
   - Soyez la paix que vous souhaitez pour vous-même.

Par de nouveaux modes de connexion, vous créez la confiance, et avec la confiance, il n'est pas nécessaire de choisir l'hostilité ou la méfiance – donc pas besoin d'utiliser la colère en tant que mode de vie journalier.

**DEFINITIONS CLES du Chapitre 11 :**

**Colère :** sentiment de mécontentement ; les réactions corporelles peuvent être si intenses et soutenues qu'elles peuvent causer la maladie physique et des dommages.

**Hostilité :** un état, une condition, une attitude « d'être contre » plutôt que de « fusionner avec » (les gens et la vie).

**5 – Résumé de la leçon de ce chapitre :**

- Nous avons toujours le choix entre l'amour et la peur dans toute situation donnée. Nous traversons toutes sortes d'angoisses et de peurs, en particulier la peur de laisser aller le passé et la peur de l'avenir, de l'inconnu. Nous avons aussi peur de prendre des risques sur quelque chose. Nous avons peur de l'intimité en ne demandant pas aux gens ce que nous souhaitons, en espérant qu'ils le devinent.

- Savoir comment s'aimer soi-même nous conduit à des miracles. Qu'avez-vous appris dans ce chapitre sur vous-même? Ecrivez une page entière sur VOUS.

**Chapitre 12**

**L'ATTITUDE**

## Résumé du Chapitre 12

Une attitude détenue par bien des gens est que les pauvres sont pauvres parce qu'ils le veulent bien. C'est de leur propre faute s'ils ne sont pas couronnés de succès. Est-ce que cette attitude nous aide tous?

Que se passerait-il si nous donnions aux gens l'aide qu'ils demandent en leur donnant les moyens d'utiliser leur propre pouvoir d'une certaine façon? Ce que vous pouvez faire pour les plus démunis est de leur rappeler d'être un Nouvel Esprit à leur propre sujet. Cela signifie que nos voisins, nos collègues, et, oui, les membres de notre famille peuvent être traités et considérés d'une façon complètement nouvelle. Il s'agit du choix quotidien de les voir comme les esprits aimants qu'ils sont. Au niveau métaphysique, personne n'est défavorisé, compte tenu de ce que l'âme veut accomplir : la co-création de la plus grande version de la plus grande vision de soi. Nous créons chaque jour et nous voyons arriver l'opposé de ce que nous voulons tous les jours. C'est la façon dont fonctionne la vie.

Pour créer sous une nouvelle forme et savoir Qui Vous Etes dans votre expérience, tenez compte de :

1. Relativité
2. Pardon
3. Conscience

Être au service des autres est une belle façon de vivre plutôt que quelque chose d'imposé par d'autres, tels que votre famille, votre groupe de travail, ou même un gouvernement.

> « C'est l'acte de Dieu étant Dieu. C'est Moi étant Moi, à travers toi! *C'est le sens de toute la vie*. A travers toi, je fais *l'expérience* d'être Qui et Ce Que Je Suis. Sans toi, je pourrais le savoir, mais pas en faire l'expérience ».
>
> ~ Neale Donald Walsch
> *Conversations avec Dieu, p. 217*

> « Rappelle-toi que le plus grand service que tu puisses rendre à quelqu'un, c'est de le réveiller, de lui rappeler Qui Il Est Vraiment. Il y a bien des façons de le faire. Parfois avec un peu d'aide, une poussée, un petit coup ... ».
>
> ~ Neale Donald Walsch
> *Conversations avec Dieu, p. 218*

## 2 – Citations d'autres Maîtres Spirituels

> « On nous commande de ne pas tuer, mais plus de seize mille personnes sont tuées chaque année aux Etats-Unis, et, au nom de Dieu ou d'un pays, des dizaines de milliers de personnes sont tuées dans les conflits armés. On nous commande de ne pas voler, mais plus de dix millions de vols se produisent chaque année. Il y a l'interdiction de l'adultère, mais des études suggèrent qu'au moins la moitié des personnes mariées s'engagent dans des relations extraconjugales. Traités comme des enfants, les gens se comportent comme des enfants. Il est temps de remplacer le commandement par l'engagement ».
>
> ~ David Simon
> *Les dix Engagements*

## 3 – Principes & Objectifs

### Principes

I. L'attitude est le reflet de nos croyances intérieures.

II. Amour et Compassion d'abord, en particulier en cas de doute.

III. Le défi auquel l'humanité doit faire face est d'offrir à chacun et à tous les besoins élémentaires de survie dans la dignité; ensuite, à partir de là, tout le monde peut choisir ce qu'il veut de plus.

IV. Nous avons suffisamment. Les changements dans la prise de conscience se produisent dans nos cœurs plutôt que de chercher *d'autres moyens que soi-même,* à l'extérieur (tels que les moyens gouvernementaux et politiques).

### Objectifs d'étude :

A) Vous découvrirez comment transformer les bonnes intentions en bons choix.
B) Vous découvrirez comment partager un changement de conscience.

---

---

*Conversations avec Dieu tome 2*, Chapitre 12 – Affirmation

« Mon intention est de faire l'expérience de la bonté dans mon coeur, de l'équité dans mon esprit, de l'amour dans mon âme ».

---

Afin de transformer les bonnes intentions en bons choix, nous devons découvrir, clarifier et laisser aller les comportements négatifs et destructifs pour les remplacer par d'autres de bien-être et positifs.

1. Prenez votre journal de notes et écrivez toutes les habitudes qui font obstacle à votre santé physique et émotionnelle. Ecrivez de façon continue ou sous forme de liste, mais mettez sous forme de mots ce que vous désirez voir le plus changer dans votre vie. Maintenant, demandez: de quoi avez-vous réellement besoin et voulez changer maintenant? Ecrivez vos désirs en mots clairs, courts et concis.

**VISUALISEZ que vous êtes Votre Propre « Public »**
Sachant ce que sont vos habitudes à modifier, portez toute votre attention sur ces moments d'habitudes inattentifs. Par exemple, si vous fumez, avant d'allumer une cigarette, soyez pleinement conscient de ce que vous faites: Regardez la couleur du paquet de cigarettes, observez-vous tirant la cigarette du paquet, regardez le papier, les couleurs du tabac, l'odeur de la cigarette, sentez la cigarette dans vos doigts. Quand vous l'allumez, voyez la flamme avant qu'elle n'atteigne la cigarette, observez la flamme quand elle s'unit à la cigarette, sentez l'odeur de la fumée. Sentez la chaleur entre vos lèvres ... Soyez simplement le témoin silencieux. Observez sans juger. Cela vous permettra d'être dans l'instant, pas dans le passé ou dans l'avenir mais au moment du choix et ainsi de changer.

2. Envoyez maintenant l'intention de visualiser les changements que vous voulez voir dans votre vie. A nouveau, par exemple, un fumeur peut se demander :

   • Obtiendrai-je une meilleure santé?
   • Comment me sentirai-je *d'être mieux?*
   • Tousserai-je moins?
   • Goûterai-je le goût des aliments différemment?
   • Mes vêtements sentiront-ils autre chose que la cigarette?
   • Ma peau sera-t-elle plus lumineuse?
   • Mon énergie sera-t-elle accrue?
   • L'odeur de ma maison sera-t-elle différente?
   • Vais-je économiser de l'argent? Combien?
   • Que pourrai-je sauver du fait de ne pas acheter mes « outils d'habitude »?

---

3. Décidez d'une date où vous changerez votre comportement destructeur. Préparez vos journées à l'avance en écrivant un emploi du temps quotidien pour vous aider dans ce changement. Eliminez de votre maison ce qui est indésirable et demandez le soutien de votre famille et de vos amis. Pour effacer une vieille habitude, remplacez-là par une activité qui sera satisfaisante. Par exemple, décidez de prendre des cours de yoga, commencez des promenades, buvez beaucoup d'eau, mangez des aliments sains, faites-vous faire un massage, ou bien couchez-vous plus tôt pour un repos plus profond. Il est très utile de rester éloigné des gens qui n'apporteront pas le soutien à votre volonté de changer votre comportement. Si vous arrêtez de fumer, évitez les gens qui le font toujours. Essayez de vous faire de nouveaux amis.

Jour après jour, choix après choix, vous vous sentez mieux dans votre peau. Le mieux vous vous sentez, le plus vous serez en mesure d'avoir davantage de compassion et de compréhension pour les autres. C'est une voie fondamentale à la paix dans le monde, venant de l'intérieur vers l'extérieur.

4. Prochaines étapes – Donnez ce que vous cherchez

- Engagez-vous dans une association de votre choix qui vous apportera de la joie, car vous serez en mesure d'aider d'autres personnes qui cherchent réellement l'amour et l'attention.
- Recherchez dans les journaux locaux ou dans l'annuaire téléphonique et voyez quelles sont les organisations qui traitent de missions, de thèmes ou de causes que vous aimez.
- Allez sur Internet et voyez quelles associations peuvent être d'un grand intérêt. Faites votre choix et engagez-vous personnellement.
- Découvrez la beauté de partager un changement au niveau de la conscience. Allez sur www.CwG.org et apprenez comment ouvrir un club du livre ou du film pour commencer votre voyage.

## DEFINITIONS CLES du Chapitre 12 :

**Attitude:** ce qu'un individu aime ou n'aime pas, une croyance sous-jacente positive, négative ou neutre envers une personne, un comportement ou un événement. Un changement d'attitude commence lorsque l'on agit comme si la croyance avait déjà changé.

## 5 – Résumé et Extension de la leçon de ce chapitre :

- Les attitudes sont composées de différentes formes de jugements.
- Les attitudes se développent selon un modèle **ACI** facile à retenir:

1. **A**ffecter
   Une réponse affective est une réponse physiologique d'un individu qui exprime sa préférence pour une personne ou un événement.

2.  Changement de Comportement
    L'intention de Comportement montre, sous forme de langage verbal ou corporel, des indications sur les intentions profondes de l'individu.

3.  Intuition, compréhension mentale
    La réponse intuitive est un jugement mental afin de former une attitude. La plupart des attitudes sont le résultat d'une étude par observation de ceux qui nous entourent.

*   En écrivant toutes les habitudes qui font obstacle à votre santé physique, émotionnelle et à votre bien-être, qu'avez-vous appris sur VOTRE fonctionnement interne ?
*   Prenez note de façon courte, douce et concise de ce que vous avez appris. Affichez cela quelque part dans votre maison pour permettre à ces révélations personnelles de se former d'une nouvelle manière, de façon quotidienne, en passant et en lisant ces observations contenant ces nouvelles informations, votre nouvelle prise de conscience.

**This page intentionally blank**

## *Chapitre 13*

## L'AMOUR

## Résumé du Chapitre 13

Exprimez l'amour dans tout ce que vous faites. Soyez un modèle de la Vérité la Plus Elevée en vous, car nous sommes l'essence et l'esprit de l'Amour, la Joie et la Sagesse sous forme humaine.

« Eclaire le monde et ne lui fais rien de mal. Cherche à bâtir et non à détruire ».

~ Neale Donald Walsch
*Conversations avec Dieu, p.238*

« Sois un cadeau pour tous ceux qui entrent dans ta vie, et pour tous ceux dans la vie desquels tu entres. Prends garde de ne pas entrer dans la vie d'un autre si tu ne peux être un cadeau ».

~ Neale Donald Walsch
*Conversations avec Dieu, p. 240*

## 2 – Citations d'autres Maîtres Spirituels

« Le secret pour être attrayant, si l'on consulte les antécédents de l'expérience humaine, est étonnamment simple. Cela se résume dans un aphorisme du poète latin Ovide, qui a dit: « Pour aimer, soyez aimant ». Une personne aimante est quelqu'un qui est naturel, simple avec lui-même ou elle-même, rayonnant d'humanité simple, non affectée qui rend toute personne réellement attrayante ».

~ Deepak Chopra, MD
*Le Chemin Vers l'Amour*

## 3 – Principes & Objectifs

### Principes

A travers l'amour, on peut tout accomplir.

### Objectifs d'étude :

Vous apprendrez à vous aimer et à aimer les autres.

## 4 – Exercices

---

***Conversations avec Dieu tome 2*, Chapitre 13 – Affirmation**

**« J'aime, je suis aimé et aimant ».**

---

1. Faites la liste des choses que vous aimez, comme par exemple :
   * La beauté de la nature
   * La joie d'être en bonne santé
   * Le soutien de vos amis et de votre famille
   * Aimer les animaux
   * Aimer comment fonctionne votre esprit
   * Palpiter dans le pays où vous vivez
   * Savourer l'univers et comment il fonctionne.

2. Ensuite, rappelez-vous les éléments de votre liste :
   * Bénissez votre vie actuelle avec amour.
   * Soyez conscient. Arrêtez-vous et savourez vos amours
   * Faites l'expérience d'un peu plus de temps pour aimer un peu plus à chaque fois que vous êtes dans une situation décrite dans votre liste ci-dessus.
   * SOYEZ amoureux de votre vie.

### DEFINITIONS CLES du Chapitre 13 :

**Amour** : représente une gamme d'émotions humaines et d'expériences liées aux sens de l'affection et de l'attraction sexuelle ; peut se référer à une variété de sentiments, d'états et d'attitudes, allant du plaisir générique à l'attraction interpersonnelle intense.

En tant que concept abstrait, l'amour généralement a trait à un fort sentiment ineffable vers une autre personne ou une activité. Cependant, même cette conception limitée de l'amour englobe une foule de sentiments différents allant du désir et de l'intimité passionnés de l'amour romantique, aux formes de créativité non sexuelles. L'amour, dans ses diverses formes, agit en tant que facilitateur majeur des relations interpersonnelles. C'est un des thèmes les plus communs dans les arts créatifs car la passion et l'amour brillent à travers ces efforts profondément personnels. L'écriture, la peinture, le dessin, la musique, la danse en sont quelques exemples.

---

**5 – Résumé de la leçon de ce chapitre:**

A) Avant que nous puissions montrer de l'amour et de la compassion pour quiconque, il faut s'aimer soi-même. Trop souvent, nous ne réalisons pas à quel point nous ne nous aimons pas *nous-mêmes*. En partant de la critique, jusqu'à dire des choses peu constructives, comme «Je suis stupide», nous pouvons en fait décider de croire que nous ne sommes pas capable d'être aimé. Nous nous engageons dans des relations toxiques. Nous faisons du mal à notre corps avec des dépendances comme la nourriture, les cigarettes, l'alcool, la drogue. *Nous pouvons faire des choix autres que ceux que nous avons choisis.*
- Ecrivez ce que ce paragraphe vous fait sentir après l'avoir lu plusieurs fois.

B) Revenez au moment où vous avez commencé les activités de ce chapitre. Répondez :
- Comment cela se passe-t-il?
- Est-ce que mes habitudes non fonctionnelles se transforment un peu? Beaucoup?
- Que suis-je en train de ressentir en faisant quelque chose de nouveau?
- Mal à l'aise?
- Nerveux?
- Allant de l'avant comme si j'avais changé?

C) S'il vous plaît, prenez le temps d'écrire et d'identifier les raisons pour lesquelles vous vous sentez bien ou pas si bien en ce qui concerne le fait de changer vos habitudes. Continuez de refléchir sur vous-même, par écrit, tandis que vous travaillez et vivez vers la croissance et le changement pour ce qu'il y a de mieux pour vous.

**This page intentionally blank**

*Chapitre 14*

## AIDER + DONNER TOUT POUVOIR

**Résumé du Chapitre 14**

Un paradoxe de la vie: L'aide accordée à quelqu'un avec ce que *vous pensez être nécessaire* produira de la dépendance. Pourtant, peut-on ignorer une personne dans le besoin? Aider est vraiment un échange de conversation entre un auditeur qui aide en faisant ce que l'autre est prêt à accepter.

---

« N'offre jamais le genre d'aide qui enlève son pouvoir à l'autre. N'insiste jamais pour offrir l'aide que tu crois nécessaire. Fais connaître à celui ou à ceux qui sont dans le besoin tout ce que tu as à donner, puis écoute ce qu'ils veulent ; vois ce qu'ils sont prêts à recevoir ».

~ Neale Donald Walsch
*Conversations avec Dieu, livre 2, p. 241*

---

**2 – Principes & Objectifs**

**Principes**
**(Base de nouvelles idées pour le monde, selon Neale Donald Walsch)**

I. Aider les autres à réaliser leurs désirs est un moyen sûr pour que vous soyez en mesure de réaliser vos propres rêves. C'est la Loi de l'Attraction.

II. Nous sommes ici pour donner du bonheur à tous les êtres humains que l'on rencontre, y compris soi-même.

**Objectifs d'étude :**

Vous apprendrez à aider en donnant le pouvoir à ceux qui vous entourent. Cet apprentissage peut transformer l'humanité.

---

---

*Conversations avec Dieu tome 2*, Chapitre 14 – Affirmation

**«Je vais aider par le biais du pouvoir et en écoutant attentivement. Je ne vais ignorer aucune personne qui cherche de l'aide ».**

---

1. Prenez l'engagement d'écouter. Vous apprendrez ainsi comment vous pouvez aider les gens. Ecoutez surtout les membres de votre famille, vos amis, vos collègues et vos voisins.

2. Quel que soit le type d'aide dont les gens aient besoin, ne portez pas de jugement sur la situation ; écoutez et décidez de les assister *selon leurs conditions.*

3. Voyez quel genre de solutions vous pouvez offrir et permettez à la personne de décider ce qu'elle est prête à recevoir. Vous ne pouvez pas forcer l'aide à quelqu'un et ce n'est pas votre rôle de sauver quelqu'un non plus. Chacun de nous agit par rapport à son propre niveau de conscience. Chaque être humain doit être accepté avec compassion *là où il est.*

## DEFINITIONS CLES du Chapitre 14:

**Donner tout pouvoir**: augmenter la force spirituelle, émotionnelle, physique, politique, sociale ou économique des individus et des communautés ; implique souvent les capacités de confiance développées de pouvoir en tant qu'individus et collectivités.

4 – Résumé de la leçon de ce chapitre:
Si en effet, c'est une façon de vivre naturelle que d'évoluer vers la croissance et le développement, nous devons sans cesse nous demander: ce que nous faisons nous apporte-t-il le bonheur ainsi qu'aux gens qui nous entourent?

- Aider sera très utile lorsque vous proposez des choix de choses que vous pouvez faire pour quelqu'un et lui laisser vous demander ce qu'il/elle veut et ce qu'il/elle est prêt(e) à recevoir.
- Préparez une liste de ceux et celles que vous désirez tout particulièrement écouter et éventuellement aider:

---

| Nom | Besoin | Votre approche de l'ecoute |
|---|---|---|
| 1. Philippe | Trouver un compagne | Ne pas interrompre |
| 2. | | |
| 3. | | |
| 4. | | |
| 5. | | |

- Qu'avez-vous appris en permettant à une autre personne de choisir l'aide qu'elle désire? Qu'avez-vous ressenti? Pourquoi?

- Permettre aux autres de choisir des conseils et de l'aide de votre part:

  - Est-ce une nouvelle attitude ou une manière de vivre pour vous?
  - Pourquoi?
  - D'où et de qui tenez-vous l'ancienne attitude?
  - Qu'est-ce qui fonctionne pour vous dans votre vie maintenant? L'ancienne ou la nouvelle attitude faite d'une croyance sous-jacente fraîche?

**This page intentionally blank**

## *Chapitre 15*

## JE T'AIME

**Résumé du Chapitre 15**

L'AMOUR. C'EST TOUT CE QU'IL Y A.

> « Je T'aime, tu sais?
> Je sais. Et je t'aime, moi aussi ».
>
> ~ Neale Donald Walsch
> *Conversations avec Dieu Tome 2, p.244*

« Love, Love, Love. Love, Love, Love. Love is all you need ». ~ Les Beatles, années 60

## 2 – Citations d'autres Maîtres Spirituels

> « La vie est amour et l'amour est la vie. Qu'est-ce qui tient le corps à part l'amour? Qu'est-ce que le désir à part l'amour de soi? Et qu'est-ce que la connaissance à part l'amour de la vérité »?
>
> ~ Deepak Chopra, MD
> *Le Chemin de l'Amour*

## 3 – Principes & Objectifs

**Principes**

S'exprimer d'une façon humble, douce, gentille, ouverte, sincère et respectueuse, est un don de l'amour.

**Objectifs d'étude:**

Vous apprendrez à parler d'une façon paisible et attentionnée.

---

**Conversations avec Dieu tome 2, Chapitre 15 – Affirmation**

**« Je tiens à exprimer l'amour dans tout ce que je fais et ne pas céder à la peur, la colère, ou la violence ».**

---

1. La Communication Non-violente aide:
   - Les individus à stopper les modes de pensée qui conduisent à la dispute, la colère et la dépression.
   - Les familles et les couples à communiquer avec respect mutuel et compréhension.
   - Les systèmes scolaires à créer un respect sain de la diversité et des différences.
   - Les entreprises à renforcer la bonne volonté et la coopération entre collègues et avec les clients.
   - Les professionnels de la santé à développer des systèmes qui soutiennent la compassion.
   - Les organismes de services sociaux à répondre aux besoins de façon constructive.
   - La police, l'armée et le personnel pénitentiaire à empêcher et à résoudre les conflits de façon pacifique.

2. Pour apprendre à parler de manière pacifique, allez à la librairie et achetez cette ressource fondamentale de Communication Non-violente (CNV) de Marshall B. Rosenberg, en livre ou en CD. Voir les Notes de la fin pour plus d'informations.

3. Utilisez la prise de conscience de la « CNV » du Dr. Rosenberg pour créer une nouvelle façon de vous exprimer et incarner la paix.
   Faites une autre liste. Celle-ci énonce la façon dont la violence a fait partie de votre passé, comme elle l'a été pour la plupart des cultures sur terre pendant des millénaires:

| Votre âge | Evénement Violent | Un autre moyen d'y répondre en paix |
|-----------|-------------------|-------------------------------------|
|           |                   |                                     |
|           |                   |                                     |
|           |                   |                                     |
|           |                   |                                     |

Nommez-en quelques uns, c'est tout.

---

**DEFINITIONS CLES du Chapitre 15:**

**Communication Non-violente, Communication Pacifique:** la langue de l'humanité perdue, la langue des personnes qui prennent soin les unes des autres et qui ont envie de vivre en harmonie. Les informations de la CNV changent les familles, les communautés, les systèmes du monde par simplement une personne utilisant ces techniques. Imaginez ce qui peut être accompli en créant la paix à la maison, dans chaque foyer, dans chaque ville!

**Leaders de Paix:**

Un expert depuis trente-cinq ans, le Dr Marshall Rosenberg, parcourt le monde pour promouvoir la communication pacifique. James Twyman, un autre auteur de paix et également un musicien accompli, a obtenu le statut d'influence du New York Times best-seller sur l'état du monde par l'intermédiaire de son livre le plus récent *Le Code de Moïse*, printemps 2008. Bien sûr, Mahatma Gandhi et Mère Thérésa sont des leaders et des Maîtres de la Paix de notre temps, cela depuis plus d'un siècle !

**5 – Résumé de cette leçon de chapitre:**

En communication pacifique:

*   Nous exprimons honnêtement comment nous nous sentons, *sans juger, blâmer ou critiquer.*
*   Nous écoutons de façon empathique la façon dont les autres se sentent sans se sentir fautif ou critiqué.

Les quatre étapes de la communication non-violente sont:

1.  Observer, sans juger ce qui est
2.  Ressentir, citer ses sentiments
3.  Exprimer ses besoins et ses désirs
4.  Exprimer sa demande pour répondre à ces besoins

Prolongez votre apprentissage pacifique par la prière quotidienne ou la méditation, par des moments de tranquillité profonde et aussi en vous exprimant paisiblement de façon intentionnée chaque fois qu'il vous en est possible.

**This page intentionally blank**

*Chapitre 16*

**LA VISIBILITE**

**Résumé du Chapitre 16**

Nous endommageons l'environnement. Nous sommes déséquilibrés en termes d'argent, de nourriture, de logement et d'environnement. En conséquence, la justice, l'équité et l'honnêteté ne sont souvent pas possibles. Si on donnait toute visibilité à toutes les transactions, la discrimination et le déséquilibre ne seraient pas possibles. Le système actuel en place à travers le monde est basé sur *tirer profit* de notre environnement, des autres et des situations, pour *gagner*. On peut trouver d'autres moyens de vivre ensemble.

Un système de visibilité permettrait aux êtres humains de communiquer plus clairement et de bénéficier à tous, en termes de «gagnant-gagnant pour le bien le plus élevé de toutes les situations ». Un type de système de visibilité permettrait à toutes nos pensées, nos réactions, nos angoisses, nos douleurs les plus profondes d'être partagées et ainsi mises en évidence, puis libérées pour le bien le plus élevé de tous. Beaucoup d'entre nous vivent chaque jour dans la peur, la peur de la perte, la peur de ne pas avoir suffisamment, la peur de _____ vous remplissez le vide.

---

« Penses-y. Si tu savais exactement combien d'argent détient chacun de vous et les gains véritables de toutes vos industries et corporations et de chacun de leurs dirigeants, ainsi que de la *façon* dont chaque personne et compagnie utilise l'argent qu'elle a, ne crois-tu pas que cela changerait les choses »?

~ Neale Donald Walsch
*Conversations avec Dieu, tome 2, p. 250*

---

« Mais la bonne nouvelle, c'est qu'il n'y a aucune raison d'avoir peur, rien à craindre. Personne ne va te juger, personne ne va te donner « tort », personne ne va te jeter au feu éternel de l'enfer ».

~ Neale Donald Walsch
*Conversations avec Dieu, tome 2, p. 258*

---

## 2 – Citations d'autres Maîtres Spirituels

> « Un homme qui est influencé par ses passions peut avoir de bonnes intentions, peut être sincère en paroles, mais ne trouvera jamais la Vérité. Une recherche de Vérité couronnée de succès, signifie la libération complète de l'affluence de dualités, telles que l'amour et la haine, le bonheur et la misère ».
>
> ~ Gandhi
> *Une Autobiographie*

## 3 – Principes & Objectifs

### Principes

I. L'inégalité pourrait être éliminée grâce à de nouvelles façons de voir l'argent et la création d'un système monétaire international qui est visible, traçable, sur lequel on puisse compter.

Plus d'info: Un nouveau système d'argent pourrait être un Système de Compensation Mondial avec des crédits accordés aux gens pour des services et des produits, des débits pour des services et des produits utilisés. Un tel système permettrait une capacité complète de savoir (visibilité).

II. N'ayons pas d'impôt sur le revenu. Une déduction volontaire de dix pour cent de tous les revenus chaque année pourrait se faire pour soutenir tous les programmes et services gouvernementaux.

III. Si vous pouvez être physiquement nu avec ceux que vous aimez, pourquoi ne pas être émotionnellement nu également?

### Objectifs d'étude:

Vous apprendrez à mettre en œuvre ce système de pensée de nouvelle visibilité, de nouvelle vérité et de transparence tout de suite.

## 4 – Exercices

> *Conversations avec Dieu tome 2*, Chapitre 16 – Affirmation
>
> **« Je m'abandonnerai à un changement complet dans ma façon de penser au sujet de la visibilité. Je commencerai à construire cette Nouvelle Société aujourd'hui, dans ma famille, avec amis et au travail ».**

1. Prenez votre carnet de notes et commencez à répondre à ces questions:

   • Que racontez-vous aux autres et qui n'est pas vrai?
   • Que gardez-vous pour vous-même que vous ne voulez pas que les autres sachent?
   • Pensez-vous que vous pourriez vivre une vie sans secrets? Si non, pourquoi?

2. Une fois que vous aurez répondu à ces questions, allez devant un miroir et prétendez que vous avez cette personne ou ce groupe de personnes (ceux que vous avez notés ci-dessus) en face de vous. Maintenant parlez. Dites-leur la vérité. Sachez que vous êtes en sécurité, protégé, et entièrement sécurisé. Dites au miroir toutes vos vérités, tous vos « secrets ».

3. Maintenant, allez directement à l'une ou plusieurs de ces personnes ou groupes que vous avez énumérés et commencez à leur dire la vérité face à face. Sachez que vous êtes et vous sentez pleinement et profondément à l'abri, protégé et sécurisé, parce que vous l'êtes toujours.

## DEFINITIONS CLES du Chapitre 16:

**Le bonheur:** émotion dans laquelle on éprouve des sentiments allant du contentement et de la satisfaction à la béatitude et à la joie intense.

**Sécurisé(e):** se sentir protégé(e) contre le danger ou la perte; ce sentiment peut éliminer la peur. Au sens général, la sécurité est un concept similaire à l'absence de danger. En termes de spiritualité, nous sommes tous toujours en sécurité et en l'absence de danger parce que la vie est sans fin.

## 5 – Résumé de cette leçon de chapitre:

• Dieu ne juge pas et vous n'avez nul besoin de vous juger vous-même ni les autres.

• Demandez-vous:

   o Maintenant que j'ai commencé à appliquer un système de vie basé sur la vérité, sans secrets, en toute visibilité, que s'est-il passé? Détaillez cette réponse.

   o Est-ce que je pense que la visibilité apporte l'équité et le fair-play dans ma maison, avec mes amis ou sur mon lieu de travail? Comment?

   o Qu'ai-je appris en partageant ma vérité, avec au moins moi-même?

   o Qu'ai-je appris en partageant ma vérité, avec au moins une autre personne?

- Prenez le temps s'il vous plaît, chaque jour ou tous les deux jours, pour votre auto-réflexion, de sorte que vous pouvez ouvrir la voie à une pratique quotidienne et à une prise de conscience personnelle plus élevée de vérité et de visibilité. Il s'agit d'une nouvelle voie vers la liberté!

## Chapitre 17

## « LA GUERRE, PLUS JAMAIS »!

**Résumé du Chapitre 17**

Les désaccords entre les nations sont un signe sain d'individualité. Toutefois, la résolution violente des différends est un mode de vie sous-développé et immature.

Une solution pour éviter la guerre pourrait être Un Gouvernement Mondial avec une Tribunal Mondial pour régler les différends et une Force de Maintien de la Paix Mondiale pour garantir qu'aucune nation ne pourrait jamais agresser l'autre.

Chaque pays dans le monde ferait partie du groupe total des 160 nations. Si une nation était menacée, toutes les autres nations collaboreraient pour trouver une solution et collectivement diraient NON à la guerre de tout genre, physique, psychologique ou économique. En fait, l'indépendance de chaque pays augmenterait. Tous les pays seraient éthiquement obligés de partager plus équitablement les ressources.

Une solution à court terme à un déséquilibre du monde serait un nouveau gouvernement mondial. Certains de nos dirigeants ont été assez courageux pour proposer l'amorce d'un gouvernement mondial: George Bush, Mikhail Gorbachev et Jimmy Carter, pour n'en citer que trois. Toutefois, il en faut beaucoup plus pour se mettre d'accord. Les gens et leurs cultures ont été à des années-lumière des visions holistiques de ces leaders et n'ont vu qu'une perte globale venant de ces concepts.

> « Il n'y a aucune raison au monde de ne pas éviter la résolution violente, car les pays veulent l'éviter ».
>
> ~ Neale Donald Walsch
> *Conversations avec Dieu, tome 2, p. 263*

> « Il en sera toujours ainsi jusqu'à ce que l'on applique une solution à long terme, qui n'est pas une solution politique. Cette solution à long terme, et la seule véritable, est une Nouvelle Prise de Conscience, une Nouvelle Conscience. Une prise de conscience de l'Unité et une conscience de l'Amour ».
>
> ~ Neale Donald Walsch
> *Conversations avec Dieu, tome 2, p. 270*

## 2 – Citations d'autres Maîtres Spirituels

> « Quand une personne est établie dans la non-violence, celles de son entourage cessent de sentir l'hostilité ».
>
> ~ Patanjali, Sage de l'Inde antique
> Tiré de « *Osons La Paix* »
> par Deepak Chopra, MD

## 3 – Principes & Objectifs

### Principes

I. Assurer l'égalité des chances à chaque personne et à chaque nation, pour le bien le plus élevé de l'humanité, serait de se détacher du maintien de contrôle ferme.

II. La délocalisation ou la recherche vers l'extérieur pour les désirs et les rêves, pourrait être éliminées si la paix et l'harmonie commençaient et étaient soutenues de l'intérieur vers l'extérieur.

III. Une définition plus élevée de «vivre une vie meilleure » est-elle l'accumulation de toutes les choses du monde matériel? Considérez que cette définition promeut un piège plus profond vers la guerre, le conflit et « mieux-que ».

IV. Une définition plus élevée de «vivre une vie meilleure » est-elle d'amener le pouvoir de la paix et de l'amour dans le monde pour remplacer les conflits, la haine et le désespoir? Il s'agit d'une façon collective des états plus élevés « d'être ».

### Objectifs d'étude:

Vous apprendrez comment être un pacificateur dans tous les aspects de votre vie.

---

> ### *Conversations avec Dieu tome 2*, Chapitre 17 – Affirmation
>
> « JE SUIS un être de paix ».

---

Les manifestations contre les guerres ne fonctionnent pas. Le simple fait que quelqu'un soit en face d'un édifice du gouvernement pour protester contre la guerre ou contre un despote fou, crée plus de violence. Les rêves de conflit et de guerre dans le monde sont pour le mieux contre-productifs. Dans nos coeurs, nous condamnons les actes de violence et nous ne comprenons pas comment les gens sont prêts à aller à la guerre. Toutefois, nous avons tendance à agir, dû à des comportements appris du passé, de manière violente dans tous les aspects de notre vie. Tant que la violence sera un choix de vie, nous attirerons cette violence.

Que faites-vous qui amène la violence dans votre vie? Êtes-vous prêt(e) à faire quelque chose pour changer votre comportement? Pensez à ce que Mère Thérésa a dit maintes fois, « je ne défilerai pas contre la guerre, mais si vous avez un *défilé pour la paix,* je serai là ».

1. Dans votre carnet de notes, écrivez chaque acte de violence que vous avez accompli dans votre vie. Ecrivez de façon continue et en phrases rapides ce qui vous vient à l'esprit.

   Voici quelques questions pour vous aider :

   - Avez-vous déjà crié sur une voiture sur l'autoroute parce qu'elle roulait trop lentement?
   - Avez-vous crié ou donné une fessée à vos enfants?
   - Avez-vous déjà poussé quelqu'un dans une foule?
   - Restez-vous accroché à la rancune sans vouloir pardonner?
   - Avez-vous déjà eu des pensées violentes contre quelqu'un que vous n'aimiez pas?
   - Vous êtes-vous déjà dit que vous étiez stupide, ou utilisé d'autres mots sans amour?
   - Si vous avez une entreprise, avez-vous déjà forcé vos employés à travailler de longues heures pour terminer un projet?

   Nous pouvons également être violents à l'égard de ou avec notre corps.
   - Avez-vous déjà maltraité votre corps par le tabagisme, la consommation d'alcool ou en mangeant trop de nourriture? Lorsque notre dialogue intérieur se concentre sur la violence, la violence sera prête à exploser autour de nous. Nous attirons ce que nous sommes.

2. Après avoir terminé votre liste, prenez un moment pour penser et sentir ce que vous pourriez faire pour changer la façon dont vous vous sentez à propos des circonstances énumérées. Par exemple, au lieu de crier sur un conducteur, car il roulait au-dessous

---

de la limite de vitesse, remarquez le stress que vous vous causez à vous-même et portez votre attention sur ce que le conducteur pourrait ressentir. Vous pourriez sentir que la personne est perdue et confuse. Si vous transformez votre façon de pensée en patience et compassion envers ce chauffeur, vous serez récompensé par une bonne sensation. C'est être empathique.

## DEFINITIONS CLES du Chapitre 17:

**Violence:** destruction humaine vigoureuse de biens ou de dommages aux personnes, souvent mais pas toujours intentionnelle et abus verbal et émotionnel qui nuit à soi-même ou à autrui. Johan Galtung définit la violence comme « insulte évitable aux besoins humains de base: la survie, le bien-être, l'identité et la liberté ».

## 5 – Résumé de la leçon de ce chapitre:

- Certains déséquilibres et conséquences de «vivre une vie meilleure » fondée sur l'accumulation de choses sont:

    1 – Un pourcentage élevé de la population mondiale lutte pour la survie physique.
    2 – Un plus petit nombre de gens peuvent subvenir aux besoins élémentaires de survie en travaillant dur, mais s'inquiète sur le fait d'obtenir plus pour un avenir meilleur.
    3 – Un plus petit nombre de gens ont tout ce qu'ils désirent, mais leurs esprits sont préoccupés par le fait d'acquérir encore davantage.
    4 – Un autre petit groupe de gens est détaché de la nécessité d'acquérir des biens matériels. Ce groupe s'intéresse à autre chose que les biens matériels et les choses terrestres. Il s'intéresse aux expériences spirituelles.

- Maintenant que vous avez réfléchi et réalisé que la solution à long terme contre la guerre est une Prise de Conscience de l'Unité et une Prise de Conscience de l'Amour, qu'avez-vous remarqué sur la façon dont la violence peut se montrer dans votre vie? Aviez-vous déjà pensé à votre propre violence? Comment cela vous a-t-il fait ressentir? Écrivez, dessinez ou encore documentez vos expériences de violence et celles que vous avez transformées en paix.

## Chapitre 18

## L'EGALITE DES CHANCES

**Résumé du Chapitre 18**

La mission d'un nouveau gouvernement mondial serait d'assurer l'égalité des chances pour tous les êtres humains, comme l'écrit et le visionne Neale dans ce chapitre. Tous ces concepts ne sont pas à prendre comme parole d'évangile ou doctrine. Ces idées sont exposées pour stimuler la réflexion. Vous devez toujours créer votre propre réalité.

Les deux modifications devant se produire pour accomplir la mission de ce nouveau gouvernement mondial sont:
* Un changement de paradigme politique
* Un changement de paradigme spirituel

Une fédération mondiale
1. Mettrait fin à la guerre entre les nations
2. Mettrait fin à la pauvreté
3. Mettrait fin à la destruction de la Terre
4. Mettrait fin au combat « pour plus »
5. Donnerait des chances égales à la plus haute expression du Soi
6. Créerait l'abondance pour Tous et mettrait fin aux limites dans tous les aspects de la vie.

Rien ne pourrait empêcher les gens de percevoir des bénéfices et de flâner. Nous n'éprouverions pas de ressentiment ou ne jugerions pas ceux qui ne travailleraient pas si nous étions éclairés, car nous comprendrions que ceux qui ne contribuent pas, manqueraient le plus merveilleux voyage de la découverte de qui Ils Sont Vraiment.

Le lieu de travail pourrait être appelé « Lieu de Joie ». Nous passerions encore par des émotions telles que l'envie et la jalousie. L'envie est un facteur de motivation et la jalousie est une émotion basée sur la peur.

L'infinie grandeur de l'esprit humain garantirait que nous ayons suffisamment de contributeurs pour « porter » les non contributeurs.

Les gains financiers seraient limités et 10% du revenu serait donné volontairement au gouvernement mondial. Ces limites ne seraient pas obligatoires. Le changement de prise de conscience sur la planète pour son objectif le plus élevé, serait la motivation à participer.

---

« Malgré toute la magnificence du monde, vous n'êtes pas arrivés à être suffisamment magnifiques pour empêcher les gens de mourir de faim et encore moins de s'entre-tuer. Vous laissez vraiment des *enfants* mourir de faim devant vous. Vous tuez vraiment des gens parce qu'ils sont en désaccord avec vous. Vous êtes des primitifs ».

~ Neale Donald Walsch
*Conversations avec Dieu, tome 2, p. 276*

---

« Et voici la seule chose que tu ne sembles pas encore saisir : tu es en train de créer tout cela, toute ta vie, ici même, à l'instant même. C'est… TOI… qui le crées. Pas Moi. TOI ».

~ Neale Donald Walsch
*Conversations avec Dieu, tome 2, p. 288*

---

## 2 – Principes & Objectifs

**Principes :**
**(Base de nouvelles idées pour le monde, selon Neale Donald Walsch)**

I. Le gouvernement mondial permettrait de garantir
   1. Les besoins de base fournis pour tous
   2. Une occasion d'accomplir davantage

II. Le gouvernement mondial pourrait être établi comme suit :

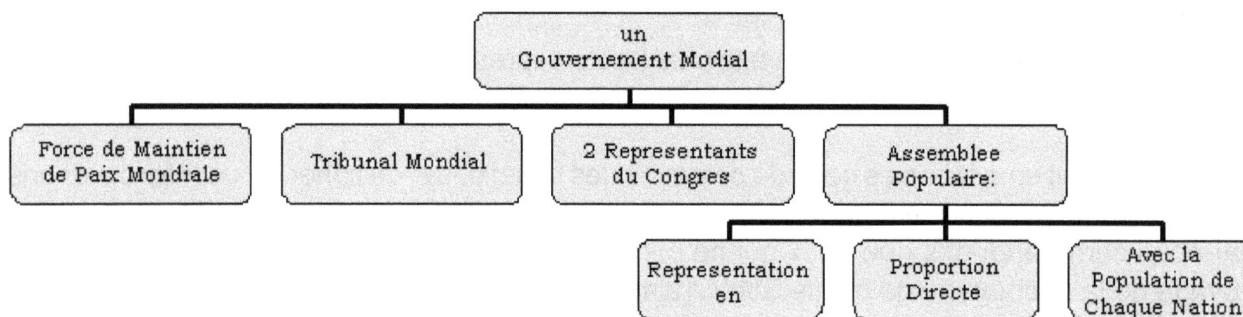

Le nouvel ordre mondial n'exigerait rien. Il fournirait:
- Une éducation correcte pour des carrières agréables
- La Sécurité Sociale pour tous
- Logement, nourriture et vêtements pour tout le monde
- Les bases de dignité de vie pour l'humanité

---

**Objectifs d'étude :**

A) Vous apprendrez davantage sur la façon dont notre système est mis en place actuellement.
B) Vous apprendrez comment partager vos idées d'un monde meilleur.

## 3 – Exercices

---

*Conversations avec Dieu tome 2*, **Chapitre 18 – Affirmation**

**« Je partagerai mon désir de voir un monde meilleur avec autant de personnes que possible ».**

---

1. Allez sur Internet, ou par d'autres moyens, recherchez les informations politiques, économiques, financières et sociales sur le système dans lequel vous vivez et travaillez, tel qu'il est actuellement. Cet exercice sert à une plus grande compréhension de ce qu'il se passe. Le changement se produit lorsque vous énoncez ce qui doit être changé.

2. Partagez votre compréhension d'une vie meilleure avec quelqu'un qui est aussi intéressé que vous l'êtes sur le changement, la croissance mondiale.

3. Créez ou participez à certaines rencontres par le biais de différentes associations pour discuter de vos idées. Vous pourriez appeler ces rencontres « Café-Philo » ou un autre nom si vous le souhaitez. Partagez vos idées de développement et invitez d'autres personnes à dialoguer autour de ces idées.

4. Osez contacter des personnalités politiques et rencontrez-les. Discutez de votre expérience croissante d'un monde meilleur. Invitez-les à réfléchir à vos idées et à vous donner des commentaires.

## DEFINITIONS CLES du Chapitre 18:

**« Café-Philo »:** pratique originale de la philosophie, née à Paris en Décembre 1992 au Café des Phares, Place de la Bastille, avec le philosophe Marc Sautet, qui menait un débat public chaque dimanche matin à 11 heures. « Café-Philo » a acquis une grande popularité, grâce au charisme de Marc Sautet et le fait que le phénomène a attiré de nombreux adeptes, y compris les médias.

L'esprit qui prévaut dans un «café-philo» est celui de la tolérance, de l'ouverture et du pluralisme, ce qui en fait une pratique unique pour les sociétés démocratiques. Le fondateur, Marc Sautet, voulait que sa philosophie ouverte prenne place parmi les débats de la société contemporaine, comme un instrument de pensée critique et de liberté pour promouvoir la vigilance et la lucidité parmi les citoyens responsables.

---

**4 – Résumé de la leçon de ce chapitre :**

- Vous n'avez pas besoin de gagner quoi que ce soit, pas même votre chemin dans les grâces de Dieu. Tout est déjà disponible sur la terre pour donner et recevoir.

- Vous avez partagé vos idées avec d'autres, vous avez osé prendre contact avec des personnalités politiques: comment vous sentez-vous? Sentez-vous le véritable pouvoir intérieur, comparé à l'attente d'une puissance extérieure? Quoi d'autre ressentez-vous?

**Extension de ce chapitre**

Considérez, comme Neale le pose à la fin de ce chapitre, de voir le potentiel de notre économie mondiale et son énorme luxe, en tant qu'Abondance! Voyez cette vie comme un océan de possibilités qu'elle représente. Choisissez un moyen d'équilibrer l'abondance pour tous, attirez encore plus d'Abondance *en développant chaque jour consciemment votre propre Abondance grâce au don et à l'échange avec ceux qui vous entourent.*

## Chapitre 19

### ACCROITRE LA PRISE DE CONSCIENCE SPIRITUELLE

**Résumé du Chapitre 19**

Nos systèmes économiques, politiques, sociaux et religieux sont primitifs. Cependant, nous pensons qu'ils ne le sont pas, et nous avons ainsi du mal à croire que nous pouvons les améliorer.

Ce que nous avons créé jusqu'à ce jour sur notre planète est élémentaire, infantile et primitif. Voici quelques exemples du San Francisco Chronicle, le samedi 9 avril 1994:

1. Les nations refusent d'accorder des droits fondamentaux aux travailleurs.
2. Les riches deviennent plus riches et les pauvres toujours plus pauvres face à la dépression en Allemagne.
3. Le gouvernement doit obliger les propriétaires à obéir à des lois équitables aux États-Unis.
4. Un leader puissant dit à ses opposants politiques, «Je vais vous faire pourrir en prison! J'arracherai votre barbe, poil par poil »! en leur donnant des coups de poing dans l'hémicycle de l'assemblée législative nationale en Russie.
5. Ce sont les civils qui souffrent le plus dans la guerre civile en Angola: « Dans les zones rebelles, les leaders puissants vivent dans le luxe alors que des milliers meurent de faim ».

Notre civilisation, encore et toujours se demande: « Où nous sommes-nous trompés »? « Comment pouvons-nous faire mieux »? L'Univers nous a montré ses observations, encore et toujours. Nous continuons de les ignorer. L'enseignant se montre au moment où l'élève est prêt. Il n'en tient qu'à nous de faire des changements, maintenant et ici.

Il y a eu une immense « explosion de compréhension » dans le courant des 100 dernières années en technologie, par exemple.

> « Je suis en train de dire que la lutte entre les nantis et les démunis se poursuit sans relâche et qu'elle est endémique sur votre planète. Il en sera toujours ainsi tant que les intérêts économiques, plutôt que les intérêts humanitaires, dirigeront le monde, aussi longtemps que le corps de l'homme, et non l'âme de l'homme, sera la préoccupation la plus élevée de l'homme ».
>
> ~ Neale Donald Walsch
> *Conversations avec Dieu, tome 2, p. 303*

> « Ce que tu penses, c'est ce que tu obtiens. Ce dont tu as peur, c'est ce que tu attires à toi. Ce à quoi tu résistes persiste. Ce que tu regardes disparaît, et te donne une chance de le recréer à partir de zéro, si tu veux, ou de le bannir à jamais de ton expérience. Ce que tu choisis, tu en fais l'expérience ».
>
> ~ Neale Donald Walsch
> *Conversations avec Dieu, tome 2, p. 320*

## 2 – Citations d'autres Maîtres Spirituels

> « Votre vision deviendra claire seulement lorsque vous pourrez voir dans votre propre coeur. Celui qui regarde dehors rêve, celui qui regarde à l'intérieur s'éveille ».
>
> ~ Carl Jung

## 3 – Principes & Objectifs

### Principes

I. Les êtres éveillés savent que si vous êtes violent, les gens ont mal. Si vous continuez dans la violence, les gens se mettent en colère. Si vous continuez à mettre les gens en colère, ils commenceront à vous faire du mal en retour. Par conséquent, si vous faites du mal à quelqu'un, tôt ou tard, vous serez blessé.

II. Un changement de conscience se produit actuellement parmi les écrivains, les artistes, les enseignants, les chamans, les gourous, les politiciens, les médecins, les avocats, les mamans, les papas, les grands-mères et les arrière-grands-pères.

III. Il n'y aura pas une calamité ou une catastrophe de proportion énorme pour provoquer un changement de conscience massive, mais cela pourrait arriver. Nous pouvons décider consciemment de bien choisir.

IV. L'augmentation de la prise de conscience spirituelle de l'ensemble de la planète est un processus lent. Il faut des générations, ou cela peut prendre quelques instants.

V. Ce que vous pensez est ce que vous obtenez.

PENSÉE        MOT        ACTION DANS LE MONDE

### Objectifs d'étude :

Vous apprendrez à accroître une prise de conscience spirituelle.

---

*Conversations avec Dieu tome 2*, **Chapitre 19 – Affirmation**

**« Je m'engage à saisir l'occasion de vivre mon propre destin. Ma conscience créera les résultats ».**

---

En Novembre 2000, Deepak Chopra a donné un séminaire en Inde intitulé « Comment Connaître Dieu ». A cette occasion, il a créé un acronyme très utile: **L E A D E R S**. Cet acronyme donne quelques outils supplémentaires pour nous aider à augmenter notre prise de conscience spirituelle.

| | |
|---|---|
| *L(ook) | **Regarder** |
| *E(mpowerment) | **Donner tout pouvoir** |
| *A(wareness) | **Prise de conscience** |
| *D(oing) | **Faire** |
| *E(ntering the realm of creativity) | **Entrer dans le royaume de la créativité** |
| *R(esponsability) | **Responsabilité** |
| *S(ynchronicity) | **Synchronicité (au-delà du hasard)** |

Choisissez un partenaire pour partager vos progrès spirituels l'un(e) avec l'autre, tout en pratiquant ces exercices.

## A. REGARDER :

*JE SUIS L'OBSERVATEUR SILENCIEUX DE MON PROPRE MOI,*
de mes réactions, de mes comportements, de mes réactions intérieures à des situations, des circonstances, des personnes et des événements.

Krishnamurti (philosophe), a dit que la plus haute forme de l'intelligence humaine est la capacité d'observer, sans évaluer, juger, mettre des étiquettes, définir ou analyser.
Si vous faites cela, vous serez LIBRE.

- Observez vos réactions en silence, sans les étiqueter. Au niveau du subconscient, vous saurez automatiquement lorsque vous êtes en colère ou que vous êtes dans une phase de peur ou d'anxiété. Le fait de savoir cela vous rend LIBRE. Vous sentirez cela sous forme de gêne dans votre corps.
- Soyez le témoin de cet inconfort en ressentant votre corps.

*Note du traducteur : Les mots sont intentionnellement laissés en Anglais pour la compréhension de l'acronyme. Ces mots sont ensuite traduits et utilisés en Français.

---

## B. DONNER TOUT POUVOIR :

*J'AI MON PROPRE POUVOIR*

Il existe 2 sortes de pouvoirs :
- Le propre pouvoir
- Le pouvoir de l'ego où votre pouvoir provient de l'extérieur (statut politique, l'argent, les connexions, quelqu'un que vous connaissez.) Tout cela est éphémère et ne dure pas.

Abraham Maslow a étudié les caractéristiques de personnes se connaissant elles-mêmes et ayant confiance en elles :
- Leur dialogue intérieur provient de leur propre pouvoir plutôt que du pouvoir de leur ego.
- Ils sont indépendants de l'opinion d'autrui. Vous ne pouvez pas les mettre à l'aise si vous les flattez, ni les diminuer si vous les critiquez.
- Ils sont inférieurs à personne; ils ne se sentent ni supérieurs ni inférieurs à qui que ce soit.
- Ils sont immunisés contre la critique
- Ils n'ont aucune peur face aux défis, ils accueillent les challenges comme une opportunité de créativité.
- Ils ont leur propre pouvoir; ceci est évident dans les 30 secondes d'une rencontre avec eux, non pas parce qu'ils disent quelque chose, non pas parce qu'ils font quelque chose, mais à cause de qui ils sont.

Emerson, le grand transcendentaliste, a dit un jour :
« Qui vous êtes crie si fort à mes oreilles que je ne peux entendre ce que vous dites ».
- Cela se reflète dans les yeux de la personne.
- Cela se reflète dans leur langage corporel.
- Nos yeux et notre langage corporel sont le résultat direct de notre dialogue intérieur.

### Exercices :
A. Technique VOIR et ETRE:

Fermez les yeux.
Répétez 3 phrases dans votre esprit:
- Je suis immunisé contre la critique
- Je suis inférieur(e) à personne
- Je n'ai peur de rien

Répéter 6 fois et attendre 4 minutes.
Ouvrez les yeux.

### B. RAPPEL DU MIROIR

Utilisez la technique suivante pendant les 6 prochaines semaines, parce que, à partir d'études psychologiques, nous savons que si vous faites quelque chose régulièrement pendant 6 semaines, cela devient une habitude:

Chaque fois que vous passez devant un miroir, regardez droit dans vos propres yeux et répétez mentalement

> « Je suis immunisé contre la critique, je suis inférieur(e) à personne,
> je n'ai peur de rien ».

Vos yeux et le langage de votre corps reflètent ce dialogue intérieur et les gens vont réagir à cela peut-être pas consciemment, mais inconsciemment, parce qu'ils sentiront que votre dialogue intérieur ne vient pas de votre ego, mais du niveau de l'âme, d'une croyance personnelle.

## C. PRISE DE CONSCIENCE :

*JE SUIS CONSCIENT(E) DE MON AME*

Relaxez-vous en silence (deux fois par jour pendant 20 minutes.) Avant le Silence, posez-vous les questions suivantes :

- Qui suis-je ?

- Que voudrais-je ?

- Quel est le but de ma vie ?

Il n'est pas nécessaire de connaître les réponses à ces questions ou même d'en chercher les réponses. Le domaine virtuel vous fera agir dans les circonstances de votre vie, comme si vous connaissiez les réponses et des actions justes et spontanées se produiront.

## D. FAIRE :

*JE SUIS ORIENTE(E) VERS L'ACTION*

- Être orienté(e) vers l'action c'est être un modèle pour vos actions.

- Je suis orienté(e) vers l'action en quoi ? Dans l'accomplissement des désirs.

- Faire, c'est avoir la clarté.

Écrivez vos désirs:
- Sur le plan matériel, cela s'applique à des choses que vous voulez dans la vie.
- Au niveau de la gratification sensorielle sous toutes ses formes, telles que les 5 sens: le son, le toucher (la sensualité, la sexualité), la vue, le goût, l'odorat.
- Sur le plan affectif telles que les relations
- Sur le plan spirituel: vouloir aller complètement à l'expérience des états de conscience supérieurs. Ai-je une âme? Qu'arrivera-t-il quand je mourrai?

Définissez vos désirs et créez **S M A R T\***:

| | |
|---|---|
| **\*S**tretch | Etirement. Si vous pensez 100km, planifiez-en 1000. Si vous pensez 1000km, planifiez-en 10 000. |
| **\*M**easurable goals | Des objectifs mesurables |
| **\*A**greement | Accord avec un partenaire sur des objectifs dignes de vous |
| **\*R**ecord | Notez vos progrès au fur et à mesure et partagez avec votre partenaire |
| **\*T**ime limit | Délai fixé, mais se détacher du résultat, et sachez que vous pouvez toujours changer le délai fixé. |

L'intention est soutenue par l'organisation de la puissance infinie.


### E. ENTRER DANS LE ROYAUME DE LA CRÉATIVITÉ:

*JE SUIS LE CO-CREATEUR DE MA VIE*

A chaque moment de ma vie, le monde que je rencontre est le reflet de moi-même.
Donc, si je n'aime pas le monde que je rencontre, la solution n'est pas là-bas, elle est ici et quelle est la solution? A chaque fois qu'il y a quelque chose que je n'aime pas dans ma vie, se poser la question: «Que puis-je faire pour co-créer quelque chose de magnifique en partant de là »? Écrivez ces idées dans votre carnet de notes.

Les 9 étapes de la réponse créative:
Les étapes conscientes:
- Résultats désirés
- Collecte de l'information
- Analyse de l'information
- Traitement de l'information (dans le repos et le silence)

Les étapes spontanées :
- Inspiration
- Mise en oeuvre
- Intégration
- « JE » – le Nouveau Moi


\*Note du traducteur : Les mots sont intentionnellement laissés en Anglais pour la compréhension de l'acronyme. Ces mots sont ensuite traduits en Français.

## F. RESPONSABILITE:

*JE SUIS RESPONSABLE*

Evaluez vos talents pour vous-même et avec votre partenaire:
- Capacité de réagir.
- Répondre de façon créative aux situations de chaque jour.
- Prendre des initiatives, volonté de prendre un risque.
- Agir selon vos dires.
- Demandez des commentaires de la part de votre partenaire: demandez à votre partenaire: « s'il te plaît rappelle-moi ». C'est OK de ne pas agir selon vos dires, mais   continuez de demander des commentaires.
- Déclarez vos valeurs (valeurs du Centre Chopra : Guérison, Transformation, Service, Amour)
- Intégrité: rien à cacher

## G. SYNCHRONICITE : (au-delà du hasard)

*JE SUIS EVEILLE(E) A LA SYNCHRONICITE*

Cela signifie que, lorsqu'une coïncidence se produit, je me pose la question:
- « Qu'est-ce que la vie est en train d'essayer de me dire »?  Je n'ai pas besoin de connaître la réponse tout de suite.
- Ne jamais ignorer une coïncidence, comprenez qu'une coïncidence est un indice de la vie pour nous faire mouvoir vers un niveau supérieur.

## DEFINITIONS CLES du Chapitre 19:
**Abraham Maslow** (1er avril 1908 - 8 juin 1970) est un psychologue célèbre considéré comme le principal meneur de l'approche humaniste, surtout connu pour son explication de la motivation par la hiérarchie des besoins, qui est souvent représentée, à tort, par une pyramide des besoins.
**Ralph Waldo Emerson** (25 mai 1803, Boston, Massachusetts - 27 avril 1882, Concord, Massachusetts) est un essayiste, philosophe, poète américain et chef de file du mouvement transcendantaliste du début du XIXème siècle.
**Le transcendantalisme** est un mouvement littéraire, spirituel, culturel et philosophique qui a émergé aux États-Unis, en Nouvelle-Angleterre, dans la première moitié du XIXe siècle. Les transcendantalistes voulaient fonder leur religion et leur philosophie sur des principes transcendantaux, qui reposent sur l'essence spirituelle et mentale de l'être, sans dépendre ni se modifier par l'expérience des sensations. Selon Kant, tout savoir est transcendantal s'il dépend non des objets mais de notre manière d'appréhender les objets.

## 5 – Résumé de la leçon de ce chapitre:

- Nous avons la liberté de co-créer nos expériences avec Dieu à tout moment.

- Tout en partageant et en comparant l'état d'avancement de vos expériences avec un partenaire de votre choix, qu'est-ce qui a fait surface? Faites la liste des sentiments profonds, des émotions et plus spécialement remarquez les surprises.

- Qu'avez-vous appris sur vous-même? Comment? Pourquoi?

- Répondez: pouvez-vous rester plus souvent dans la prise de conscience de vos choix pendant que vous remarquez que l'univers vous apporte des synchronicités tous les jours?

**Chapitre 20**

## LA RELIGION ET LA SPIRITUALITE

### Résumé du Chapitre 20

Nous avons été informés par les personnes détenant le pouvoir, pouvoir qui est le nôtre inconsciemment ou consciemment abandonné, que nous devons douter de nous-mêmes. Cette croyance du doute envahit nos cultures.

Les problèmes mondiaux et les conflits en tant qu'individus seraient résolus si l'on pouvait:
1. Abandonner la notion de Séparation
2. Adopter le concept de visibilité et d'Unité

Cela demandera du courage, de la détermination et une intention ciblée, pour abandonner la Séparation et opter pour le concept de Visibilité.

Lorsque nous sommes totalement éclairés, certains d'entre nous décideront de retourner à la vie physique, le champ des molécules, pour aider les autres à voir la lumière de la vérité.

Considérez que la religion organisée a:
- Créé des agnostiques
- Rempli de nombreux cœurs de la crainte de Dieu
- Ordonné aux gens de se prosterner devant Dieu, au lieu de s'élever
- Fait porter le fardeau de l'anxiété aux croyants
- Dit aux gens d'avoir honte de leurs corps
- Enseigné que l'on avait « besoin » d'un intermédiaire (prêtre, pasteur, fonctionnaire de l'église) pour parvenir à Dieu, au lieu de vivre sa vie en se connectant directement au Divin
- Donné l'ordre aux humains de pratiquer la dévotion envers Dieu basée sur la peur, au lieu de simplement adorer Dieu, car il était impossible de ne pas le faire
- Séparé femmes et hommes de Dieu et placé Dieu sur un piédestal inaccessible
- Insisté sur le fait que les femmes sont moins que les hommes

---

« Le plus grand cadeau de Dieu est le partage du pouvoir de Dieu ».

~ Neale Donald Walsch
*Conversations avec Dieu, Tome 2, p.331*

---

« Sous ma forme la plus pure, je suis l'Absolu. Je suis Absolument Chaque Chose, et par conséquent, Je n'ai besoin de rien, Je ne veux et Je n'exige absolument rien. Dans ma forme absolument pure, Je suis tel que tu Me fais ».

~ Neale Donald Walsch
*Conversations avec Dieu, Tome 2, p. 332*

## 2 – Citations d'autres Maîtres Spirituels

« Mon instinct est de suivre le modèle du Satsang, qui est un simple rassemblement qui a pour but de parler de la vérité. A l'Eglise, les gens sont acceptés s'ils se conforment à un ensemble de règles et de croyances. Dans un Satsang, n'importe qui ressentant l'amour de l'esprit peut participer; il n'y a aucune obligation, car il n'y aucune organisation officielle avec un ordre du jour. Un Satsang peut même être silencieux, ou il peut combiner une période de méditation et une période de dialogue ».

~ Deepak Chopra
*Le troisième Jésus*

## 3 – Principes & Objectifs

### Principes

I. La peur sera le plus grand ennemi dans le processus d'abandon de la séparation jusqu'à ce que nous nous rendions compte que ce que nous faisons aux autres, est ce que nous nous faisons à nous-mêmes. Il n'y a pas de Séparation!

II. La Visibilité et la Transparence sont le résultat de ne pas voir de Séparation entre Dieu et soi-même. Le divin devient tout à la fois, indivisible de toute autre âme.

III. Nous sommes tous un et ce que nous ne réussissons pas à faire pour nous-mêmes, nous ne parvenons pas à le faire pour quelqu'un d'autre.

### Objectifs d'étude:

Vous apprendrez comment croire en votre propre pouvoir.

**4 – Exercices**

> ### Conversations avec Dieu tome 2, Chapitre 20 – Affirmation
>
> **« Je crois en mon pouvoir de changer. Je ne donnerai mon pouvoir à quiconque ou à quoi que ce soit ».**

1. Prenez un moment pour écrire dans votre carnet de notes ce que vous croyez à propos de:
   - Dieu
   - L'amour
   - Le succès
   - L'échec
   - Le travail
   - L'argent
   - Les femmes
   - Les hommes
   - Le sexe

2. Si vous avez des croyances négatives, destructrices ou plutôt contre-productives dans certaines de ces catégories, pensez à la façon dont vous pourriez changer cette croyance non-productive en une croyance de développement spirituel pour la vie.

Exemples:
   - Si vous croyez que Dieu va vous punir pour vos péchés, changez cette pensée destructive en écrivant « Dieu m'aimera toujours, quoi qu'il arrive ».
   - Si vous croyez que vous n'avez pas le droit à l'échec, changez cette pensée négative en écrivant que vous vous pardonnez avec amour pour tout ce que vous pensez avoir échoué dans votre vie.

3. Au début, même si vous ne croyez pas en une pensée constructive et positive, écrivez-là quand même. Cela commencera à planter une graine dans votre conscience. Restez concentré sur la construction de votre propre changement.

4. Maintenant, choisissez un(e) partenaire et partagez vos découvertes avec lui/elle.

**DEFINITIONS CLES du Chapitre 20:**

**Religion :** ensemble de croyances, de traditions et de pratiques, souvent centrées sur des déclarations morales spécifiques au sujet de la réalité, du cosmos et de la nature humaine et souvent codifiées en prière, rituel, dogme, et loi religieuse. La religion englobe également des traditions ancestrales ou culturelles, des écrits, de l'histoire et de la mythologie, ainsi que la foi personnelle et l'expérience mystique. Le terme «religion» renvoie à la fois aux pratiques personnelles liées à la foi de la communion et aux rites de groupe et de communication résultant d'une conviction partagée.

**Agnosticisme :** est la position philosophique selon laquelle la vérité de certaines propositions (le plus souvent théologiques, concernant l'existence de Dieu, des dieux, etc.) est inconnaissable. C'est une pensée fondée sur le doute tant qu'il n'existe pas de vérité scientifique établie. La vérité absolue est incertaine.

**Spiritualité:** se préoccupe des questions de l'esprit ou de l'âme. Les questions spirituelles sont celles concernant le but et la nature de l'être humain sur terre ; englobe non seulement la partie biologie, mais aussi la partie en tant qu'êtres ayant une relation unique avec ce qui est au-delà du temps et de l'espace.

**5 – Résumé de la leçon de ce chapitre :**

- Embrasser nos cultures et religion, et aller au-delà de la biologie, le domaine physique nous ramenant à la spiritualité.

- Dans votre expérience de changement de croyances négatives en croyances positives, qu'avez-vous appris sur vous-même? Comment pensez-vous que cela va changer les générations futures?

- Dialoguer avec votre partenaire ou des groupes communautaires: Comment ce que nous croyons influencera-t-il le futur de notre monde?

# MOT DE CLOTURE

Pendant près de vingt ans, j'ai travaillé pour une société aux Etats-Unis, peiné pendant de longues heures, me demandant quel était le sens de ma vie. Pour répondre à cette question intérieure, j'ai commencé une profonde introspection et j'ai découvert qu'une vie pleine et entière n'était pas possible sans se débattre. La libération et la lutte font partie de la vie quotidienne. C'est la loi des contraires qui est vécue.

Neale Donald Walsch, dans sa série «Conversations avec Dieu», nous fournit un guide complet sur la façon de vivre une vie paisible pour un monde meilleur. Je vois clairement ce monde, une vision qui prend en considération tous les êtres humains, un monde qui est fait de compassion, d'amour et d'attentions pour le bien de tous.

Les exercices et les outils fournis dans ce guide sont d'une très grande force. J'espère sincèrement que vous avez été en mesure de voir et de sentir profondément certains de leurs avantages. J'ai pratiqué toutes les techniques décrites et ma vie a complètement changé. Je vis maintenant la vie de mes rêves et j'attire davantage ce que je désire. Vous pouvez également vivre tous vos rêves, en transcendant une lutte ordinaire en une vie extraordinaire, remplie de bonheur intérieur.

Namasté.

**This page intentionally blank**

**Contact:**

**CWGF, Inc.**
**Programmes « After Hours », Retraites, Camps, Formations, & Fournitures pour**
**Les Jeunes et leurs Dirigeants adultes**
**Ages 3-101!**

---

# ~ Conversations With God Foundation ~

Adresse
Post Office Box 622
Tyrone, Georgia 30290
USA
www.NealeDonaldWalsch.com   or   www.LindaLeeRatto.com

---

Info@NealeDonaldWalsch.com
or
info@LindaLeeRatto.com

~ Leadership, Community-Building Kits ~
CWGFatlanta@yahoo.com

~ Parent Pathway Team & Eyes Wide Open Store ~
Laurie@NealeDonaldWalsch.com  or  Laurie@LindaLeeRatto.com

~ CWGF Communications, Website & Community Postings ~
Alecia@NealeDonaldWalsch.com  or  Alecia@LindaLeeRatto.com

~ CWGF Dallas & FREE2BU Parent Empowerment Kits ~
Angel@NealeDonaldWaslch.com  or  Angel@LindaLeeRatto.com

**« D'autres principes de Nouvelle Spiritualité sont partagés à travers d'autres livres de Neale »**

*Principes de Nouvelle Spiritualité*

**Enumérés au sein des livres « *Conversations avec Dieu* »**
**– un grand nombre de principes sont présentés dans plus d'un titre de Conversations avec Dieu –**

## Les trios affirmations de Vérité Ultime sont:

1. Nous sommes tous un.
2. Il y a suffisamment pour tous.
3. Il n'y a rien que vous soyez obligé de faire.

## 3 Concepts centraux de Vie Holistique, vivre en tant que Personne Entière, Corps-Ame-Esprit

Prise de conscience, Honnêteté, Responsabilité, utilisées pour:

1. Se redéfinir en tant qu'individus
2. Se redéfinir en tant que société
3. Redéfinir « le succès »

Ceux-ci remplacent les 3 P:
  Productivité
  Popularité
  Possessions

## 5 Illusions au sujet de Dieu

1. Dieu a besoin de quelque chose.
2. Dieu peut échouer à obtenir ce dont Dieu a besoin.
3. Dieu vous a séparé de Dieu parce que vous n'avez pas donné à Dieu ce dont Dieu a besoin.
4. Dieu a encore besoin de ce que Dieu a tant besoin, que Dieu exige maintenant, depuis votre position séparée, de le lui fournir.
5. Dieu vous détruira si vous ne répondez pas aux exigences de Dieu.

## 5 Illusions au sujet de la vie

1. Les êtres humains sont séparés les uns des autres.
2.  Il n'y a pas assez de ce dont les êtres humains ont besoin pour être heureux.
3. Pour obtenir les choses qui sont insuffisantes, les êtres humains doivent rivaliser les uns avec les autres.
4. Certains êtres humains sont meilleurs que d'autres.
5. Il est approprié pour les êtres humains de résoudre les graves différences créées par toutes les autres illusions, de s'entretuer les uns les autres.

## Caractéristiques du Dieu de Demain

1. Le Dieu de Demain n'exige de personne de croire en Dieu.

2. Le Dieu de Demain est sans distinction de sexe, de taille, de forme, de couleur ou de toute autre caractéristique d'un être vivant.

3. Le Dieu de Demain parle avec tout le monde, tout le temps.

4. Le Dieu de Demain n'est séparé de rien, mais est Partout Présent, le Tout en Tous, l'Alpha et l'Oméga, le Commencement et la Fin, la Somme Totale de Tout ce qui a toujours été, est maintenant, et sera toujours.

5. Le Dieu de Demain n'est pas un Super Etre singulier, mais le processus extraordinaire appelé Vie.

6. Le Dieu de Demain est en perpétuelle évolution.

7. Le Dieu de Demain n'a besoin de rien.

8. Le Dieu de Demain ne demande pas à être servi, mais il est le Serviteur de toute la Vie.

9. Le Dieu de Demain aimera inconditionnellement, sera sans jugement, ne condamnera pas, et ne punira pas.

## Principes de Nouvelle Spiritualité (*Nouvelles Révélations*)

1. Dieu n'a jamais cessé de communiquer directement avec les êtres humains. Dieu a communiqué avec et à travers les êtres humains depuis le début des temps. Dieu continue à le faire aujourd'hui.

2. Chaque être humain est aussi spécial que tout autre être humain qui ait jamais vécu, qui vit maintenant ou qui vivra jamais. Vous êtes tous des messagers. Chacun d'entre vous! Vous êtes porteur du message de la vie au sujet de la vie, chaque jour! Chaque heure! Chaque moment!

3. Aucun chemin d'accès à Dieu n'est plus direct que toute autre voie. Aucune religion n'est « l'unique vraie religion», aucun peuple n'est « le peuple élu » et aucun prophète n'est le «plus grand des prophètes».

4. Dieu n'a besoin de rien. Dieu n'exige rien pour être heureux. Dieu est le bonheur lui-même. Par conséquent, Dieu n'exige rien de qui que ce soit ou de quoi que ce soit dans l'Univers.

5. Dieu n'est pas un Super Être singulier, vivant quelque part dans l'Univers ou à l'extérieur de celui-ci, ayant les mêmes besoins affectifs et soumis aux mêmes troubles émotionnels que les êtres humains. Ce qui est Dieu ne peut être blessé ou endommagé de quelque façon et de ce fait, n'a pas besoin de se venger ou d'imposer des punitions.

6. Toutes les choses sont Une chose. Il y a seulement Une Chose, et toutes les choses font partie de cette Une Chose Qui Est.

7. Il n'existe pas le Bien et le Mal. Il y a seulement Ce Qui Fonctionne et Ce Qui ne Fonctionne pas, selon ce que vous cherchez à être, faire ou avoir.

8. Vous n'êtes pas votre corps. Ce Que Vous Êtes est sans limite et sans fin.

9. Vous ne pouvez pas mourir, et vous ne serez jamais condamné à la damnation éternelle.

## Les 3 Principes de Vie de Base
1. Fonctionnalité
2. Adaptabilité
3. Durabilité

Qui remplacent: Moralité, Justice, Propriétaire

## Le Nouveau Gospel:

« Nous sommes tous Un ».

« Nous n'avons pas de meilleure façon, la nôtre est simplement une autre façon ».

## Le Paradigme Etre-Faire-Avoir

Le « Paradigme Etre-Faire-Avoir » est une façon de voir la vie. Il s'agit ni plus ni moins de cela. Pourtant, cette manière de regarder la vie pourrait changer votre vie et la changera sans doute. Parce que ce qui est vrai au sujet de ce paradigme est que la plupart des gens voient tout à l'envers et quand, finalement, ils redressent leur vision et qu'ils commencent à faire face, tout dans leur vie change à 180 degrés. NDW écrit :

La plupart des gens (je sais je l'ai fait) ont démarré avec la compréhension que la façon dont la vie fonctionnait était comme ceci: Etre-Avoir-Faire. C'est à dire, quand J'AI les choses adéquates, je peux FAIRE les choses adéquates, et puis je SERAI qui je veux être.

Quand J'AI de bonnes notes, je peux FAIRE cette chose appelée diplômé et je peux ETRE ce truc qui s'appelle employable, par exemple. Voici un autre exemple : Quand J'AI assez d'argent je peux FAIRE cette chose qui s'appelle l'achat d'une maison et je peux ETRE ce truc qui s'appelle sécurisé. Vous en voulez un autre? Voici: Quand J'AI assez de temps je peux FAIRE cette chose qui s'appelle prendre des vacances et je peux ETRE ce truc appelé reposé et détendu.

Vous voyez comment ça marche? C'est ainsi que mon père, mon école, ma société m'ont dit que cela fonctionnait. La vie fonctionne de cette façon. Le seul problème était que je n'arrivais PAS à ETRE les choses que je pensais que j'allais être après avoir fait tout ce que je pensais que j'avais à faire, et avoir eu toutes les choses que je pensais avoir besoin d'avoir. Ou, si J'ETAIS cela, je l'ai été pour une courte période de temps. Peu de temps après que j'ai pu être « heureux » ou « sécurisé » ou « satisfait », ou quoi que ce soit d'autre que je pensais que j'allais arriver à être, je me suis trouvé une fois encore MALheureux, INquiet et NON satisfait! Il semblait que je ne savais pas comment «tenir ce truc ». Je ne savais pas comment en faire durer la saveur. Ainsi, il m'a toujours semblé que je faisais tout ce que j'avais à faire pour rien. C'était comme un gaspillage d'efforts, et je commençais à être indigné de cela dans ma vie.

Puis j'ai eu l'expérience de Conversations avec Dieu, et tout a changé. Dieu m'a dit que je débutais au mauvais endroit. Ce que j'avais besoin de faire était de commencer là où je pensais que j'allais aller.

Toute création commence depuis un endroit d'ETRE m'a dit Dieu, et je l'ai fait dans le sens inverse. Le truc dans la vie, c'est de ne pas essayer d'arriver à être « heureux » ou d'être « sûr », ou quoi que ce soit, mais de commencer à ETRE heureux, ou ETRE satisfait, de quoi que ce soit, et partant de là, vivre la vie de tous les jours.

Mais comment voulez-vous faire si vous N'AVEZ pas ce que vous avez BESOIN D'AVOIR pour être heureux, etc? C'est la question, et c'est une question appropriée. La réponse est que lorsque l'on vient d'un état d'être, plutôt que de tenter d'arriver à un état d'être, cela assure pratiquement que la fin de l'équation « AVOIR » est prise en charge.

Quand vous venez d'un état d'être, vous n'avez besoin de rien avoir en vue d'entamer le processus. Il vous suffit de choisir, tout à fait arbitrairement, un état d'être, et ensuite venez de ce lieu dans tout ce que vous pensez, dites et faites. Mais parce que vous pensez, dites et faites seulement ce que la personne qui est heureuse, satisfaite, ou quoi que ce soit, pense, dit et fait, les choses qu'une personne heureuse ou satisfaite finit par avoir, viennent à vous automatiquement.

Essayons à présent de voir si cela peut vraiment fonctionner de cette manière. Disons que ce qu'une personne veut ETRE est la chose appelée «sécurisée». Si c'est l'expérience désirée, ce que nous pouvons faire est de commencer depuis le carré du tableau de jeu qui dit JE SUIS SÛR. Nous commençons avec cette idée, et c'est l'idée opérationnelle derrière tout ce que nous faisons. Nous avons emménagé dans la portion ETRE-FAIRE du paradigme.

Quand une personne fait ce que seulement une personne sûre ferait, cette personne presque automatiquement finit par avoir ce que seulement une personne sûre pourrait avoir. Essayez cela pendant quelques temps. C'est incroyable de voir comment cela fonctionne.

## Les 5 Attitudes de Dévotion

      1. Joie
      2. Amour
      3. Acceptation
      4. Bénédiction
      5. Gratitude

## La Valeur Primordiale

La vie elle-même est la Valeur Primordiale

Cela remplace la définition du monde que la valeur primordiale est le pouvoir

## Le Processus de la Triade

1. Rien, dans mon monde n'est réel.
2. Le sens de chaque chose est le sens que je lui donne.
3. Je suis qui je dis que je suis, et mon expérience est ce que je dis qu'elle est.

## 5 Etapes de Paix

Étape 1 Reconnaître que certaines de vos anciennes croyances sur Dieu et sur la vie ne fonctionnent plus.

Étape 2 Reconnaître qu'il y a quelque chose que vous ne comprenez pas sur Dieu et sur la vie ; de cette compréhension tout changera.

Étape 3 Soyez prêt pour une nouvelle compréhension de Dieu et de la vie qui vous est présentée maintenant ; une compréhension qui pourrait déboucher sur un nouveau mode de vie sur cette planète.

Étape 4 Soyez assez courageux pour explorer et examiner cette nouvelle compréhension, et, si elle s'aligne sur votre vérité intérieure et votre savoir, d'élargir votre système de croyance pour l'y inclure.

Étape 5 Choisissez de vivre votre vie comme une démonstration de vos croyances les plus élevées et les plus grandioses, plutôt que comme leurs dénis.

**7 mots interchangeables pour Dieu :**

Amour
Vie
Joie
Paix
Liberté
Changement
Vous (Moi, Nous)

**Les 5 Niveaux sur « Dire la Vérité »**
1. Dites la vérité à vous-même sur vous-même.
2. Dites la vérité à vous-même au sujet d'un autre.
3. Dites la vérité sur vous-même à un autre.
4. Dites la vérité au sujet d'un autre à un autre.
5. Dites la vérité à tous sur tout.

**Les Sept Etapes de *l'Amitié avec Dieu* sont:**

Connaître Dieu
Avoir confiance en Dieu
Aimer Dieu
Embrasser Dieu
Utiliser Dieu
Aider Dieu
Remercier Dieu

**Outils de Création**

1. Pensée
2. Mot
3. Action

**La Dichotomie Divine**

En passant soit/ou d'un monde à un monde à la fois/et, je vois que les deux « ceci » et « cela » peuvent être vrais en même temps, ce qui me permet de voir beaucoup plus la façon dont les choses sont réellement dans le monde autour de moi.

Exemple: la pluie est bonne ou mauvaise? Le désert ou l'inondation?

**Les Dix Illusions**

1. Le besoin Existe
2. L'échec Existe
3. La désunion Existe
4. L'insuffisance Existe
5. L'exigence Existe
6. Le jugement Existe
7. La condamnation Existe
8. La dépendance Existe
9. La supériorité Existe
10. L'ignorance Existe

Ces illusions ont créé l'histoire culturelle de l'humanité à partir desquelles nos difficultés présentes apparaissent. L'histoire culturelle des hommes est que ...

1. Dieu a un ordre du jour. (Le besoin Existe)

2. Le résultat de la vie est mis en doute. (L'échec Existe)

3. Vous êtes séparé de Dieu. (La désunion Existe)

4. Il n'y a pas suffisamment. (L'insuffisance Existe)

5. Il y a quelque chose que vous devez faire. (L'exigence Existe)

6. Si vous ne le faites pas, vous serez punis. (Le jugement Existe)

7. La punition est la damnation éternelle. (La condamnation Existe)

8. L'amour est, par conséquent, conditionnel. (La dépendance Existe)

9. Connaître et répondre aux conditions vous rend supérieur. (La supériorité Existe)

10. Vous ne savez pas que tout cela n'est qu'illusion. (L'ignorance Existe)

Les 18 Réminiscences de « *Bienvenue chez Dieu* », *dans une Vie qui ne Finit Jamais*

1) La mort est quelque chose que vous faites pour vous.

2) Vous êtes la cause de votre propre mort. Cela est toujours vrai, peu importe où, ou comment vous mourez.

3) Vous ne pouvez pas mourir contre votre volonté.

4) Aucune voie de retour chez Dieu n'est meilleure que tout autre chemin.

5) La mort n'est jamais une tragédie. C'est toujours un don.

6) Vous et Dieu ne font qu'un. Il n'y a pas de séparation entre vous.

7) La mort n'existe pas.

8) Vous ne pouvez pas changer la Réalité Ultime, mais vous pouvez en changer votre expérience.

9) C'est le désir de Tout Ce Qui Est de Savoir Soi-même dans sa propre Expérience. C'est la raison pour tout de la Vie.

10) La vie est éternelle.

11) Le calendrier et les circonstances de la mort sont toujours parfaits.

12) La mort de chaque personne sert toujours au calendrier de toute autre personne qui en est consciente. *C'est pourquoi elles sont conscientes de cela.* Par conséquent, aucune mort (et aucune vie) n'est jamais gaspillée. Nul ne meurt jamais « en vain ».

13) La naissance et la mort sont la même chose.

14) Vous êtes toujours dans l'acte de créer, dans la vie et la mort.

15) Il n'y a rien qui soit la fin de l'évolution

16) La mort est réversible.

17) Dans la mort, vous serez accueilli par l'ensemble de vos êtres chers, ceux qui sont morts avant vous et ceux qui mourront après vous.

18) Le Libre choix est l'acte de création pure, la signature de Dieu, votre cadeau, votre gloire et votre pouvoir pour toujours et à jamais.

**Conversations With God Foundation**

**Programmes pour la jeunesse
et programmes pour les leaders de la jeunesse, 3-103 ans!**

Les programmes, les manuels et les outils de The Conversations With God Foundation, encouragent, donnent le pouvoir et permettent l'amour, l'amour de soi, de la famille, des amis et de la communauté (locale à globale). Développer une paix intérieure peut créer une grande joie. Une telle paix et attention intérieures peuvent en fait changer le monde à un autre niveau d'énergie. Un « moment de paix» personnel est un élément fondamental pour la paix mondiale. L'amour de soi conduit à la compassion et la compréhension de notre humanité, à voir les points communs avec les autres, avec tous les êtres vivants, et voir notre UNité en tant qu'êtres spirituels ayant une expérience terrestre.

**Contact**

**Conversations With God Foundation , Inc.**
Retraites, Camps, Formations, Matériel Interactif et Kits Amusants
pour
Les Enfants et leurs Leaders

**CWGF, Inc.
Post Office Box 622
Tyrone, Georgia 30290
USA**

# Au sujet de l'Auteur

Anne-Marie Barbier est née à Paris, France. Elle a suivi des cours en écoles privées en Tunisie, en Algérie et à Madagascar, cela dû aux tâches internationales de son père. Anne-Marie a passé un BAC d'administration en France. L'expérience professionnelle d'Anne-Marie inclut cinq ans en tant que directrice générale d'un restaurant à Port-Grimaud, France, suivi de six ans de marketing pour des magasins de prêt-à-porter à Saint-Tropez, et aux Îles Turquoises dans les Caraïbes. De 1985 à 2003, Anne Marie a travaillé pour des entreprises importantes aux Etats-Unis où elle a été impliquée dans tous les aspects de l'entreprise, allant du marketing, des relations avec les médias, du service à la clientèle, de la gestion, à la formation des managers.

En effectuant des recherches sur les théories de leadership, Anne-Marie découvrit les principes philosophiques décrits par le Dr. Deepak Chopra. En 2002 elle fut certifiée, par le centre Chopra en Californie, pour enseigner un atelier intitulé « les Sept Lois Universelles du Succès au travail. » En 2004, Anne-Marie est devenue professeur de « Méditation des Sons Primordiaux » et en 2005, professeur des Sept Lois Spirituelles du Yoga » pour le Centre Chopra en Californie.

Au cours de ses dernières années à Atlanta, Anne-Marie a travaillé en tant que professeur de yoga et de méditation indépendant. En Novembre 2005, elle s'est installée en France où elle a ouvert son Institut de yoga. Elle est membre du conseil d'administration de « The Conversations with God Foundation » et dirige un club du livre mensuel basé sur les livres de Neale Donald Walsch, Conversations avec Dieu. Elle est secrétaire du Lions Club dans la région de Toulon où elle est très active dans le travail pour la communauté.

Voir sa biographie et ses ateliers sur le site www.chopra.com en cliquant sur «Find a teacher » « Europe » « Primordial Sound Meditation» et «The Seven Spiritual Laws of Yoga » puis «France» «Provence/Alpes/Cote d'Azur» «Submit». On peut la joindre à son adresse e-mail: Blissofspirit9@cs.com.

PHOTOS: (1) Anne-Marie Barbier
(2) Anne-Marie. Yoga pose alpha, à l'Institut de yoga
(3) David et Linda Ratto avec Anne-Marie, à Atlanta

# Bibliographie

Cherchez "Beatles" sur Google pour davantage de chansons et de poésie sur l'amour.

Neale Donald Walsch
*Conversations avec Dieu*
www.nealedonaldwalsch.com

Deepak Chopra, MD, *Un Corps sans Age, un Esprit Immortel*
Deepak Chopra, *Le Livre des Coïncidences*
Deepak Chopra, *Les Sept Lois Spirituelles du Succès*
Deepak Chopra, *Peace is the Way*
Deepak Chopra, *Le Chemin vers l'Amour*
Deepak Chopra, *La Vie après la Mort*
www.chopra.com

Eckhart Tolle, *Le Pouvoir du Moment Présent et aussi: Nouvelle Terre*
www.eckharttolle.com

Wayne Dyer, *Le Pouvoir de L'intention*
www.drwaynedyer.com

David Simon, *Wisdom of Healing*
David Simon, *Les Dix Engagements*
www.chopra.com

Louise Hay, *Vous Pouvez Guérir Votre Vie*
www.louisehay.com

Marshall Rosenberg, PhD, *La Communication Non Violente au Quotidien*
www.cnvc.com

Gandhi, *Autobiographie ou mes Expériences de Vérité*
www.mkgandhi.com

Emile Durkheim, *La Division du Travail Social (1893)*
*Les Régles de la Méthode Sociologique (1895)*
*Le Suicide (1897)*
*Les Formes Elémentaires de la Vie Religieuse (1912)*
www.emile-durkheim.com

Sautet Marc, *Nietzsche pour Débutants (1986)*
www.cafe-philo-desphares.info

James Twyman, *Le Code de Moïse*
www.jamestwyman.com
www.belovedcommunity.com

**~ Conversations with God Foundation ~**
Adresse
Post Office Box 622
Tyrone, Georgia 30290
USA
www.NealeDonaldWalsch.com or www.LindaLeeRatto.com

# Mes Propres Conversations avec Dieu

## Mes Propres Conversations avec Dieu

## Mes Propres Conversations avec Dieu

# Mes Propres Conversations avec Dieu

## Mes Propres Conversations avec Dieu

.

## Mes Propres Conversations avec Dieu

## Mes Propres Conversations avec Dieu

*Mes Propres Conversations avec Dieu*

## Mes Propres Conversations avec Dieu

*Mes Propres Conversations avec Dieu*

## Mes Propres Conversations avec Dieu

## Mes Propres Conversations avec Dieu

## Mes Propres Conversations avec Dieu

## Mes Propres Conversations avec Dieu

_____

_____

_____

_____

_____

_____

_____

_____

_____

_____

_____

_____

_____

_____

_____

_____

_____

_____

_____

_____

_____

_____

_____

_____

_____

## Mes Propres Conversations avec Dieu

## Mes Propres Conversations avec Dieu

## Mes Propres Conversations avec Dieu

_____
_____
_____
_____
_____
_____
_____
_____
_____
_____
_____
_____
_____
_____
_____
_____
_____
_____
_____
_____
_____
_____
_____
_____
_____
_____
_____
_____
_____
_____

## Mes Propres Conversations avec Dieu

*Mes Propres Conversations avec Dieu*